ZINDAGI KI HAQIQAT.

A TRUE STORY.

AMRIN FATEMA.

Copyright © Amrin Fatema.
All Rights Reserved.

This book has been published with all efforts taken to make the material error-free after the consent of the author. However, the author and the publisher do not assume and hereby disclaim any liability to any party for any loss, damage, or disruption caused by errors or omissions, whether such errors or omissions result from negligence, accident, or any other cause.

While every effort has been made to avoid any mistake or omission, this publication is being sold on the condition and understanding that neither the author nor the publishers or printers would be liable in any manner to any person by reason of any mistake or omission in this publication or for any action taken or omitted to be taken or advice rendered or accepted on the basis of this work. For any defect in printing or binding the publishers will be liable only to replace the defective copy by another copy of this work then available.

This Book is Dedicated to All the Brave Girls like Anita.

Contents

FOREWORD

Ye Ek Sacchi Kahani He..
Zindagi_Ki_Haqiqat.

PROLOGUE

Mera To dil Hi Mar chuka tha Mere Khuda Ne meri dua Par Tawajjo Nhi Ki Shayed Waqeyi Girja Ghar Wale Juth Bolte Hai aur Waqeyi Khuda Mar Chuka he..!!

Mene Dusri Taraf Muh Kar Liya Aur Diwaar Ko Dekhne Lagi

usne kaha : Mujhe Lagta He Tumhara Khuda Tumhari Dua Sunega.

mene us se Kaha Agar tumhara Khuda Mujhe Zindagi Dega to Me Uss Par iman Le Aaungi...!!

Me Bohat Na Umeed Thi Me Sirf Zinda Rehna Chahti thi Mujhe Jannat aur Dozakh par Yaqin Tha Lekin meri Jannat yahi duniya Thi wo Jannat jise Haasil Karne Ke Liye me Kuch bhi Karne Ko Tayyar Thi...!!

1

Aur Jab Me Sharab Nahi Piti thi tab Subah Sar Dard Ki Wajah se Aankh Khulti thi aur Mujhe Sharab Pine Ki Adat Ho Chuki Thi,

Aur toh Ab Mujh Se kuch Padha Bhi Nahi Jata Tha..!! Padhayi Par *Tawajjo* Nahi Kar Paa Rahi Thi *Har Dafa* Jab bhi Sar Chakrata tha Ya Nazar Ka Masla Hota Koyi Na Koyi Wajah Me Dundh hi Nikaalti thi..!!

Lekin is Baat Ka *Taswur* Bhi Nahi Kiya Tha Ke Meri Zindagi Ki *Bad Tarin* (Sabse buri) Khabar Milne Wali Thi...!!

Aakhir Kaar Doctor Ke Paas Gayi Bohat Saare Test Aur Bohat Saare x-rays Ke Baad Doctor Ne muje Bataya Ke..

Mujhe Afsos Ke Sath Ye Batana pad raha Hai ke Aapke Dimag Me Tumor He...

Aur Esi Jagah Par He Ke Uska Amal (operation) Bhi Nhi Kiya Ja Sakta Kyun ki Amal (operation) Ke Dauran Maut Ke chances Zayada Hai..!!

Aapke Pas Bas Kuch Mahine Hi Baqi Reh Gaye He,

Mera Dimag To Sun Ho Chuka Tha Puri Duniya Mere ird Gird Ghum Rahi Thi...!!

Me Sirf 21 Saal Ki Hun Esa Kese Mumkin He Sirf Kuch Mahine... Sirf Kuch Mahine...Reh Gaye Hai...!!!

Meri Puri Duniya Kharab Ho Chuki Thi Wapis Ghar Aayi Kisi Ko Kuch Batae Begair Mai Kamre Me Chali Gayi Aur Darwaza Bandh Kar Liya...!!

Me Bed Par Let Gayi Sirf Ro Rahi Thi Mera Dil Na Tha Ke Kisi Ki Bhi Shakal Dekhu Kisi Ko Bhi dekhna pasand nahi aa raha tha..!! itwar (Sunday) Ko Girja Ghar (Church) Gayi Sirf Maut K baare me Soch rahi thi Aur coffin Ko Dekh Rhi Thi Meri Halat Marne Walo ki tarah Ho Jati thi usse dekhne k baad...!!

Kitne Hafte Hi Guzar Gaye Khuda Se iltemas Karti Rahi lekin Meri duao Aur Mannto Ka Kuch Faida Na Ho Raha Tha Itni Naaumeedi Thi...!!

Is Halat Ne hi Mujhe Pagal Kar diya Tha Me Kya Kehti Kya Bolti Kya Kar Rahi Thi...!! Mujhe Khud Bhi Pata Nahi lag Raha Tha... Aur Mere Ammi Abbu Mujh se Aur Zayada Nalan (Naraz) Ho Rahe The Kyun Ke Unhe Meri Bimari Ka ilm Naa Tha..!! Aur Khuda Bhi Meri Sada Na Sun Raha Tha Agla Hafta Bhi Ese Hi Guzar Gaya Mene Khud se Kaha....

Anita Tum Ehmaq(Pagal) Ho Thodi Si Zindgi bach Gayi He..!! Anita...Aur Wo Bhi Tum Ro Dho Kar Guzar Dena Chahti Ho Marne Ke Bare Me Sochne Ki Bajae Jo Chand Maah Reh Gaye He Unke Bare Me Socho...!!!

2

Aur Mene Yahi Kaam Kiya Padhayi Aur University Chor Di Ek List Banayi Aur Jo Bhi Kaam karna Chahti Thi Wo Usme Shamil Kiye Aur Phir Unhe Anjam Dene Lagi..!!

Hamesha Sharab Aur Jue Ki Mehfilo Me Hoti Doctor Ne Jitni Chizo Se Mana Kiya Tha Sab Khati or Piti Rehti Thi..Ese Jese Khud Se Aur Khuda Se Badla Le Rahi Thi..!!

Duniya Ki Har Chiz se Mujhe Nafrat Thi Aur Ab Mujhe Kisi Chiz Par imaan Naa Tha Us Raat Us mehfil Me Meri Halat Bohat Kharab Ho Gayi Shadid Sar Dard Tha Aur Chakkar Aa Rahe The Ab To Apni Jagah Se Hil Bhi Nahi Paa Rahi Thi..Ahista Ahista Music Ki Awaaz Aana Bhi Bandh Ho Gayi Aur Phir Mujhe Kuch Samajh Naa Aayi...!!

Aankh Khuli To Hospital Ki Emergency ward Me Thi ,Sar Dard Kar Raha Tha Aur Chakkar Aa Rahe The.. Doctor Aaye Aur Bohat Sawaal Puchne lage, Akhir Kaar saare Tests or Sawaal khatam Ho Gaye Aur nurse ne Parda Aage Kar Diya...

Mere Bed Ki Dusri Taraf Ek Hijab Wali Khatun Thi Pehle Mujhe Laga Ke *Rahiba(Nun-Saadhvi)* He Phir Dekha To *Hamela(Pregnant)* Thi. Mujhe Hairat Huyi...!! Phir Mene Socha Shayed Yahudi (A Jew) He Lekin Uska Chehra Dhakha Hua Naa Tha Aur Uska Libas Aur Scarf Bhi Kala Na Tha...!!!

Mene is se Pehle Kisi Musalman Ko itne Nazdik Se Nahi Dekha Tha Mere Mulk Me Muslman itne Kam the Ke Kaha Jaa Sakta He Ke Naa Hone Ke Barabar Hai..!! Shayed 30 Hazar Log Bhi Musalman Nahi Honge Aur Unme Se Zayada Tar Mulk Ke Shemali Hisse Me Rehte Hai...

Mera Mulk (Poland) He Ese Hi Usne Takiye Se Tek lagayi Thi aur Tasbih Ke Dane Ginn Rahi Thi Ke meri Taraf Mutawaje Huyi aur Mujhe Dekh Kar Muskurayi Aur Dobara Tasbih Padhne Lagi...!! Pata Nhi Kyun Lekin Mujhe Wo Bohat Dilchasp Lagi..!!

Tum Dua Karti Ho...?? Mene Us se Pucha...!!

Usne jawab Diya : Mene Mannat Mani Thi Wo Ada Kar Rahi Hun...!!

Mene Pucha : Kyun..??

Kehne Lagi : kitchen Se Phisal Gayi thi Aur Is Bacche Ki Dhadkan Sunayi Nahi De Rahi Thi...!!

Us Aurat Ki Aankhe Aansuo Se Bhar Gayi Phir Dobara Muskurane Lagi ..!! Lekin Ab keh rahi He Ke Wo thik He ..!!

Mene Us se Kaha : Tumhara Lehja Abayi Zaban Wala Lehja he..

Usne kaha :Me *Poland* Se Hi Hoon Kuch Arse Se *Germany* Me Reh Rahi Hun...!! Mene pucha : Tum Yahudi Ho...??

usne Kaha: Nhi 3 Saal Hue Musalman Huyi Hun Mera Shohar Musalman He **Turki** Se He, Aur Ab **Germany** Me Rehta He Me Apni family se Milne Aayi Thi...!!

Ye Hamari Dosti Ka Agaz Tha Aur Ham Dono Ko Ek Raat Hospital Me Rehna Tha...!!

Ham dono ko Nind Naa Aa Rahi Thi, Wo apni Zindagi Ke Bare Me Batane lagi,

Aur Batane Lagi Ke Kese Musalman Huyi. Mene Bhi apni Bimari Ke bare Me Bataya Meri bate Sun Kar Wo Bohat Afsurda Ho Gayi or kaha *Me Tumhare Liye Dua karungi Me Dil Se Tumhare Liye Dua Karungi..!!*

Mera To dil Hi Mar chuka tha Mere Khuda Ne meri dua Par Tawajjo Nhi Ki Shayed Waqeyi Girja Ghar Wale Juth Bolte Hai aur Waqeyi Khuda Mar Chuka he..!! Mene Dusri Taraf Muh Kar Liya Aur Dewaar Ko Dekhne Lagi,

usne kaha : Mujhe Lagta He Tumhara Khuda Tumhari Dua Sunega.

mene us se Kaha Agar tumhara Khuda Mujhe Zindgi Dega to Me Us Par imaan Le Aaungi...!!

Me Bohat Na Umeed Thi Me Sirf Zinda Rehna Chahti thi Mujhe Jannat aur Dozakh par Yaqin Tha Lekin meri Jannat yahi duniya Thi wo Jannat jise Hasil Karne Ke Liye me Kuch bhi Karne Ko Tayyar Thi...!!

3

Kuch Mahine Guzar Gaye Mere Marne Ka Waqt Aa Chuka Tha ..Lekin Me Abhi Bhi Zinda Thi Mere Sar ka dard Bhi Khatam ho Chuka Tha Me Hospital Gayi taki Apne Sar Ki Halat ka Pata Kar Saku...!! Mere Sar Me Koi tumor Na Tha Mere Sar me Kuch na tha Me Bilkul Thik Thi...!! Me itni Khush Thi ke Mene Sab Kuch bhula Diya Aur Khas Taur Par Jo Wada Mene Kiya Tha..!!

University Wapis Chali Gayi Aur Apni Zindagi dobara shuru ki Kuch Hafte Baad Mujhe Apna Wada Yaad Aaya...

Wada Yaad aate Hi Mukhalif Soche Mere Zahen me Aane Lagi Ese Kya Wajah Ho sakti He ke Us Musalman Aurat Ki Dua Qabool Huyi ho...?

Shayed Meri dua Girja Ghar Me Hi Qabool Ho Chuki thi Aur mene Tawajjo Na kiya Aur Na Hi Dhayn diya Kuch Din In saari baaton Ke Bare me Sochti Rhi...!! Akhir Kaar Bhala Mujhe Apna Deen Badalne Ki Kya Zarurat He Me Khuda par To iman Rakhti hi Hun..!!

Aur phir Wo din bhi aa Gaya Me Sidiyo Se Niche Utar Rahi thi Ke Mere Sar me Shiddat Se Dard Utha Aur Phir Meri aankho Me Shadid Dard Tha Ke Mujhe Bilkul samjh Na Aayi mene Apne kano par Hath rakha...!!

Meri aankho Ke Samne Andhera Cha Gaya Aur Me Apna Tawazan Barqarar Na Rakh Saki aur Apne Pao par Khadi na Reh Saki...!!

Sidiyo Se Girne Wali Thi Ke Ek Shakhs ne Mujhe Pakad Liya Aur Apne saath Niche Utara. Mere Sar Me Aawaze Aa Rahi Thi Dard Ke Mare Sans Bhi Nhi Le Paa Rahi Thi Ese Hi Dard Ke Mare Mujhe Apna Wada Yaad Aa gaya...!!

Khudaya Mujh se Galti Ho Gayi Mujhe Maaf Karde Mujhe Ek aur *Fursat* De de Please please....!! Mene Islam Par *Tehqiq* Karna Shuru Karli Aur Mene Poland Ke *Shemal* Ki Taraf Safar Kiya. Mujhe Islam Ke Bare Me Kuch Bhi ilm Naa Tha... Kuch Bhi...Un se Kuch kitabe li, Quran Liya Jo Chiz Bhi Islam Ke *Mutaliq* Mili Mene *Mutalea* Kiya... Hamari Zuban me Islam Ke Bare Me Itni zayada Kitabe Maujud na thi Aur Jitni Kitabe Thi Usme Se Zayada Islam Ke Khilaf Thi...!!Ajib Double minded Ho Gayi thi *Haq Aur Batil* Ki Samajh Naa Aa rahi Thi Kabhi Kabhar Dil Me Shak Ubharta...!!

Anita esa To nahi Ke Me Haq Se Dur Ho Rahi Hun, Mujhe Sirf itna ilm Tha Ke mene Wada Kiya Tha aur ye Ke Muslman Ke Khuda ne mujhe Najat Di Thi...!!

4

Apni research Ke Dauran Mujhe Apni Dost Ki Baat Yaad aa gayi.. **Hamburg Ki Masjid... Masjid e imam Ali Europe Aur Germany Ka Sab Se bada Muslmano Ka markaz...!! Agar Mujhe Apne Sawalo Ke jawab Mil sakte The To ye Wahi Jagh Thi** University Se vacation mil gaya tha Aur Me Germany aayi..!! Meri Taufiqat ke Bar aks Wo Log Bohat Hi Mehrban aur Mehman Nawaz The..aur Unhone Meri Bhar pur madad Ki aur Mujhe ijazat Di Ke Me Unke Tamam *manabe Se Istefada* Kar Sakti Thi...Jitna Zayda *Mutalea* karti Nayi Chize Milti, Ya phir sawalo Ke Jawab Mil Jate, Ya Koyi Na Koyi Zarur jawab De deta...!!

Ab Mujhe **Musalman Aur Iran** dono Hi Ache Lagne Lage Ahista Ahista Mere Ehsasat Bhi Behtar Hone lage Aur phir Mujhe Pata laga Ke hikmat e Khuda Bhi hoti He Ab mujhe Wo Tamam waqeaat Ache Lagte the...!! Tumor aur Baqi Sab itefaqat Wo Zahiri Taur Par Taklif Deh rahe the Lekin Mere Liye Khuda ki Rehmat Thi Wo mere Islam Lane Ka Baes The..!! **Aur Jab me Germany Se nikli To Pure iftekhar ke sath Muslman Ho Chuki Thi...!!**

Me Poland Wapis Aayi Mere Mulk Me 96 Fisad Log Bohat *Mutasib* catholic the Aur Sirf Kuch yahudiyo Ko Waha Sukoon se Zindigi Guzarne ki ijazat He Wo Bhi is Liye Ke Yahudiyo Ki Jade Poland Me Bohat Mazbut Thi...!!

Ek Zamane me Mera Mulk yahudiyo Ka dusra Bada *Gadh* Tha. Ghar me Dakhil Hote Waqt Bohat stress Me thi Aur Ghar Me Dakhil Hote Hi Badtarin Lamhat

The...Darwaza Khola Andar Dakhil Huyi Raat ke Khane Ka waqt Tha Ammi Table Par Khana Laga Rahi Thi Junhi Me Dakhil Huyi Unke Hath Se tray Gir Gayi...!!

Abbu Bhag Kar Bahar Aae Ke Dekhe Kesi Awaz Thi..Mujhe Dekhte Hi shock Me Chale Gaye Unhe Apni Aankho Par Yaqin Na Aa Raha Tha Me scarf Aur Hijab Ke Sath Unke Samne Aayi Thi..!! Dil ki Dhadkan Bahar Tak Mehsus Ho Rahi Thi Lekin Muskurat Labo Par La Kar Mene Unhe Salam Kiya Abhi wo Shock Me the...!!

Me abbu Ko Gale Lagne Ke Liye Qarib Huyi Wo Piche Hat Gaye Aur Bole Mere Qarib Na aana..!! Wo Mushkil Se Sans Le Rahe The...

Abbu Bole : Tum Ne Deen Badal Diya He Ya *Rahiba* Ho Gayi Ho..???

Me Muskurayi Mujhe laga Ke Muskurat Aur Musalman ka Tariqa Apna Kar Unke Liye Mujhe Qabool karna Asan Hoga..

mene kaha :Kon Rahiba...is Tarh Ka Libas Pahenti He..?? Is Tarah Ka Hijab Karti he..??

Abbu bole : tum Musalman Ho Gayi Ho..??

Me Dobara Muskurayi Ab Wo Shock Se Gusse Me Chale Gaye....!!! aur jaane se pehle kaha, Tumne Ijazat Ke Bager Deen Badal Liya Tumhe Apna Deen Badalne Ke liye Girja Ghar (Church) Se ijazat Leni Thi Ab Ke zor Dar Thappad Mere Gal Par Para Mera Gala Pakda Aur Mujhe Ghar Se

Bahar Nikal Diya...!!

Me Hotel Aayi Lekin Waha zayada Nahi Reh Sakti Thi Aur Ab to Koyi Job Bhi Dundhni Thi isi Liye Ek part time job Dhundh Li. Yaha to Kaam Dundhna Bhi Mushkil Naa Tha. Nokri Mili Ek Chota Sa Kamra Kiraye Par Liya Aur Ek Deen Jab Abbu Ghar Na The To Ghar Gayi Taki Apni Chize Laa Saku...!!

Ammi Behte Aansu Ke Sath Mujhe Dekh rahi thi Mene Unhe Gale Lagaya Aur Pyar Kiya aur kaha Shayed Mene Apna Deen Badal Diya He Lekin Isaعليهالسلام Aur Mohmmad صلىالله Ka Khuda Ek Hi He Me Ab Bhi Aap Ki Beti Hun Aur Qayamat Tak Rahungi.. !!

Ammi ne Mujhe Zor Se Gale Lagaya Tum itni *Ne'amato* Me Badi Huyi Ho Ab Kese Ese Guzara Karogi.

Mene Ammi Ko Zor Se Gale Lagaya aur kaha,

Ammi..Aap Khuda Par Kitna iman Rkhti Hai...

Ammi : Kya Keh Rhi Ho Anita?

Mene Kaha : aapko Khuda Par kitan Yaqin He ??? Kya Us ki Qudrat Aap aur Abbu Se Kamtar He...???

Ab Ammi Hairat Aur Taajub Ke Sath Dekh Rhi Thi....

Mene kaha : Ammi *Mutmaeen* Ho Jae Mohmmad صلىالله Ka Khuda Aur Isa عليهالسلام Ka Khuda Jo Murdo Ko Zinda Karta Tha Wahi mera Khayal Rakhega Aur Jo Bhi Usne Mere

Liye Likha He Me Us Par Razi Hun...!!!

౹౹

Waha Se Bahar Aayi To Aansuo Par Kaabu Naa Kar Saki.
Ammi sahih Keh Rahi Thi Me Itni Sahuliyat Aur Ache
Wasael Ke Sath Badi Huyi Thi Aaj Tak Mene Koyi Mushkil
Na Dekhi Thi Aur Ab Ek Badi Duniya Mere Samne Thi Ke
Naa Mujhe Uski Zayada *Shanakht* Thi aur Na Uske
Khatrat Se Aagah...!!

Shuru Me Sab Bohat Hairat Ke Sath Mujhe Dekhte Lekin
Ahista Ahista Sab Ko Aadat Ho Gayi...Ek Taraf Me Koshish
Kar rahi Thi Ke Ache Akhlaq Ka *Muzahira* karu Aur **Log Jo
Islam Ke Bare Me Galat Sochte He Use Bhi Sahih Karne
Me Apna Kirdar Ada Kar Saku...!!**

Dusri Taraf Sab Mera Ehtram Karte Jab Bhi Kayi Dakhil
Hone lagti Sab Mard Mere Liye Rasta Khol dete. Dhiyan
Rakhte Ke Kahi Unka Hath Mujhe Naa Lage. Hairat Zada
Dekhte Lekin unki Nigahe *Kasif* Naa Thi...!!! DilChasp Farq
Tha Mujh me Aur Dusri Aurto Me jo Unhe Mera Ehtram
Karne Par Majbur Karta...!!

Lekin Kuch Logo ke sath Waqean Mushkil tha Wo Khas
Qism ke *Motasib* log..!! ye Ek Sakht Rasta Tha Aur ab me
Sabr Aur Koshish Naa-hi Sikh Rahi thi balki Unhi ke
istemal Se Me apne Hadaf Hasil Kar Sakti Thi...!!!
University Ki Taraf Se Ek seminar Ka *Inaqad* Hua Me Aur

Kuch *Talba* Usme Shirkat Karne ke liye Gaye Kuch Dino par Seminar *Mabni* Tha Bohat Bada Seminar tha...!!!!

VARSHO University Ke Bohat Se Talibe ilm Usme Sharik The Pehle Din ham Sab Ko Ek magazine Aur Phool Diye gaye Aur Is Tarah Hamara isteqbal Kiya Ek Ne Mujhe Hairat Se Dekha Aur Pucha Aap Muslman Hai...??

Phir Mera naam Copy Me Likha **Anita cotezinger** ..Wo Muskuraya aur kaha Khush Amdid **Miss Cotezinger**...!! Uske Bolne Se Pata lag raha tha ke Wo Poland Se Ta'aluq Nahi Rakhta Shakl Se Arabi Aur Turki Bhi Naa lagta Tha...!

Baad me Pata Chala Ke Wo **irani** He Aur Ye Meri Aur **Matin** Ki Pehli Mulaqat Thi...Mujhe Iran Se khas lagao Tha Meri Dadi Un *mahajerin* mese Thi Ke world war 2 me Unhone Iran Me Panah Li Thi Wo Hamesha Iran Ki Baate Batati Wo Batati thi Ke Khud Irani Log Faqir The...!! Lekin Kitni Khushi se unki Mehman Nawazi Karte The...!! Aur Saltanat Ke Nizam e Zulm k, Kis Tarah Aam Logo *Zaur Kisano Ke tax* England aur Russia ke Sipahiyo Ko De diye Gaye Aur Lakho Ke Hisaab Se irani Bhuk ke maare Mar Gaye...!

Ye Wo Bate Thi Jo Tarikh Ke Sine Me Dafan Ho Chuki Thi Lekin Meri Dadi Akhiri Sans Tak Iran Ki Baate Karti Thi...!!

5

Matin Mere Liye Ek Musalman Tha Ek irani tha. Wo Kaafi Khush Mizaj Tha mere Nazriye Ke Mutabiq Wo Irani Tha Wo Iran Jo Mehman Nawaz The Puri Duniya Ke Samne Date Hue The... **Matin** Ka Akhlaq Bhi Bohat Acha Tha Kuch Maah Baad Usne Mujhe propose Kiya Mene Apne Aapko Bohat Khush Qismat Taswur Kar Rahi Thi. Wo Musalman Tha, Ek Irani Tha Aur Uska Akhlaq is Baat Ka Baes Bana Ke Mene Ye Rishta Qabool Kar liya Aur **Matin k** Sath Iran Jane Ke Liye Tayyar Ho gayi...!! Iran Jane Ka Mujhe Bohat Shoq Tha Wo Iran Jin Logo Ke Bare Me Mene Suna Tha Ke Wo Bohat Meharban Aur Mehman Nawaz Hai...!!

Ahista ahista Mere Ta'aluq Ammi Abbu Ke Sath Behtar Ho Gaye Lekin Abbu ki **Matin** se Mulaqat Huyi To Unhone Us Rishte Ki Sakht Mukhalif Ki...!! Mujhe laga Uske Musalman Hone Ki Wajah Se keh Rahe He Lekin Abbu Bohat Sanjidgi Ke Sath Bole..Agar Kisi Muslman Ke Sath Shadi Karna Chahti Ho Kar lo... Lekin is ke sath Nahi Na Me Razi Hun Aur Na Me Ijazat Dunga...!!!! Abbu Apni Baat Par Date Hue The Wo Israr Kar Rahe the, Ke **Matin** Ke Muslman Hone Ki Wajah Se Nhi Keh Raha Hun...Me to Musalman Ho Chuki Thi Mujhe is se Shadi ke Liye Abbu Ki ijazat Ki zarurat Thi Aur Hamare Ta'aluq bhi abhi Behtar Hue the...!! Itni Mushkil Aur Mehnat Se Ammi ki Madad Se Akhir Kar Abbu Ko Razi Ki Hi liya...!!!

lekin Abbu Mujhe Kone par Le Gaye Aur Bole Anita Me Ek Bada *Tajir* Nhi Hun lekin Ek Kamiyab *Tajir* Hun Aur Ek

Kamiyab *Tajir* Ko Logo Ki *shanakht zaroor* Honi Chahiye…!! **Us Ladke Ki Aanko Se Pata Lagta He Ke Ye Qabil e Etemad Nhi he Uski Shakl Fariyad Kar Rahi He ke Mujh Par Etemad Na Karo…!!**

Us Deen Mene Abbu ki Bato Par Kaan Nahi Dhare Mujhe Laga Ke abbu *Tasub* Ki Wajah se Keh rahe Hai Aur Matin Ke Muslman Hone Ki Wajah se Keh rahe hai…!!!

Aur Soch Rahi Thi Kyun Ke Wo Irani He Aur Tv par Hamesha Iran Ke Khilaf Propaganda Rehta he is Liye Abbu Esa Soch Rahe Hai…**Lekin Haqiqat Bohat Mukhalif Thi Uske Ishq Ne Mujhe Andha Kar Diya Wo Ishq Jo Mujhe Islam..Iran..aur Musalmano se Tha. Matin ka Acha Akhlaq Uski Khubsurat Baate…!!Akhir Kaar Hamari Shadi Ho gayi Aur Me Shoq Bhare Jazbat Ke Sath Iran Aa gayi…**

&

Matin ke Ammi Abbu Aur Family Ke Dusre Log Mujhe Lene airport Pr Aae The Matin Ki Ammi Bohat Khush Thi Mujhe Un Ki Baato Ki Bilkul Samjh Naa Aati thi Lekin unke Rawayye Aur Suluk Se Un ki Mohbbat Ka Andaza Kar Sakti Thi…!! Uske Ammi Abbu Mere Liye Matin ke Sath Bhi Ladayi Karte… Matin Ghanto Ghar Se Bahar Rehta Aur Me Akeli Thi Mujhe Andaza Tha ke Matin kaam Ke Liye Jata He Lekin Waqeyi Itne Ghante Kisi Se Bhi Baat na Karna Bohat Mushkil Tha…!! Shuru Shuru Me Bohat

Mehman Aate Matin Se milne, Mujhse Milne, Mujhe Unki Baato ki Samajh Naa Aati..!! Wo Muskurate Me Bhi Jawab me Muskura Deti Me Khamoshi Se Bethi Rahi Kabhi Kabhar Matin mere Liye Kisi Jumle Ka Tarjuma Kar Deta...!!

Kabhi kabhhar Uljan Hoti Ke wo Log Sirf Ek Bahar Ki Ladki Dekhne Aate He Kuch Der Bethti Phir Uth Kar Chali Jati Aur Apne aapko Computer Par Ya Internet Par Masruf Kar Leti...Jo Bhi Tha Me Matin Se Bohat Mohbbat Karti Thi Aur Uske Liye Sab Kuch Bardasht Karne Ko Tayyar Thi...!! Me Use Dekhti Muskurati Kabhi Bhi Shikayat Na Karti..Dil Me Sochti Anita Use Tang Na Karo Me ne Khud Intekhab Kiya Tha Ke Me Yaha Aaungi Aur Mujhe Farsi Nhi Aati To Usme uska Kya Qasur he...!!

Hum Kuch Mahine Matin Ke Ammi Abbu Ke Ghar Rahe. Matin subah Ko Jata Aur Sham ko Aata aur Phir Itna Thaka Hua Hota Ke Mujhe Farsi Na Sikha Pata Abhi Farsi Ke Tute Phute Jumle Sikhe The..! Akhir Kaar Ek Din Matin Ke Abbu Gusse Huye unhone Matin Ke Sath Ladayi Ki Mujhe Samajh Naa Aa rahi thi Ke Kya Keh Rahe Hai Lekin Ehsas Ho Raha Tha Ke Meri Wajah se Lar rahe Hai...!! Aur Mera Khayal Sahih Tha Matin Ke Abbu ne Mere Liye Farsi Ke Ustad Ka intezam Kiya Aur Uski Ammi Bhi Pura Din mere Sath Baat Karne Ki Koshish Karti...!!

Iran Me Yahi Meri Zindgi Ke Khubsurat Din The Jo Mene Matin Ke Ammi aur Abbu Ke Ghar Guzare...!!

Hum Ne Ghar le Liya Aur Apne Ghar Aa gaye Uske Abbu ne Ghar Ki Tamam Chize Meri Marzi Se Kharidi aur phir

Uske Ammi, Abbu, Me Aur Chand Cousin Hamne Mil Kar
Ghar Sajaya...!!!

6

Me Bohat Khush Thi Un Dino Sirf Ek Hi Chiz Ki Taqlif Thi Tehran Ki Garam Aur Khushk Hawa..Pehle Pahel Garm Surkh Ko Dekhna Mere Liye Bohat Dilchasp Tha... Lekin Ahista Ahista Chadar Ke Sath Bahar Jana Bohat Mushkil Lagne Laga Dusre Chadar Wali Aurto Ko Dekhti Unka Iman Kitna Mazbut He Ke Is Garmi Me Chadar Ke Sath Bahar Jati Hai..Phir Sochti Me Kyun Piche Rahu Me Bhi ye Kaam Kar Sakti Hun...Din Sab Ek Tarah Se Guzar Rahe The Ghar Ke Kaam..Farsi Sikhna.. Mutalea Karna...Sab Se Zayada Dilchasp Tha Mere Liye Shohda(Shaheed) Ki Zindgi Ka Mutalea Karna Unka, Akhlaq Unka Islam Par Amal Karna, Koshish Karti ke Apne Kaamo Me Unki Perwi Karun...Mere Din...Wahi Bore.. Ahista Ahista Mujhe Ehsas Hone Laga Ke Matin namaz Nahi Padhta...Aur Me Hairat Me Thi Ke Ab Tak Mujhe Kese Itni Badi Baat Ka ilm Na Hua...!!

Pyar se... Mohbbat Se...Naseeb se...Jo Tarika Tha Us se Mene Matin ko Nasihat Ki... Phir Sochti Agar Koyi Shahed Meri Jagah Hota To Kya Karta Lekin Itne Mahino Ki Koshish Ka Bhi Koyi Faida Na Hua...!!

Shadi Ke Baad Mera Pehla Ramzan Ka Mahina Tha Mene Bohat Khushi Se Sehri Tayyar Ki Aur Azan Se Adhe Ghante Pehle Matin Ko Uthana Shuru Kiya Lekin Wo Na Utha.. Phir Uthaya...

Matin Utho...!! Sehri Nhi Karni...?? Abhi khana nhi Khaoge To Din Ko Tabiyat Kharab Ho Jaegi..!!!

Usne Aankhe Khole Bager Kaha Jao Tum Khao Kahi tumhari Tabiyat Kharab Na Ho...!!

Me kitchen Me Aa gayi Mene Socha Koyi Baat nhi Usse Nind Aa rahi He, Din Bhi Chota He Bager Sehri Ke bhi Wo Roza Rakhlega Aur Uski Tabiyat Kharab Nahi Hogi...Mene Akele Hi Sehri Khayi...!!

Subah Ki Namaz Padh Kar Me So gayi Kuch Aawazo Se Aankh Khuli Aur Jo Manzar Mene Dekha Mujhe Yaqin Na Aa Raha Tha... Matin Samne Beth Kar Nashta Kar Raha Tha Me shock Me Sirf Dekh Rahi Thi Kuch Bolne Ki Bhi Samajh Naa Aa rahi Thi...!!! Usne Mujhe Dekha Aur Hasa Phir Bola Shukr He Uth Gayi Ho...!!! Phir jaldi Se Utha or bola, Mujhe Jaldi He Kaam Se Der Ho Rahi He Please Table Saaf Kar Dena...!!

Me Hamesha Use Darwaze Tak Chorne Jati Uske Hath Me Bag Deti Us Din Me Apni Jagh Se Hil Bhi Na Saki Thi...!!

Wo Bahar Gaya Aur Darwaza Bandh Hone Ki Awaz Aayi Me Zamin Par Beth Gayi Meri Zindgi ke Sakht Tarin Lamhat The Mene Us Par Etemad Kiya...Me Sochti Thi Ke wo Muslman Tha is Liye Mene Us par Etemad Kiya Tha Lekin Ab Mene Uski Har Chiz Par Gaur Karna Shuru Kiya Mujhe Samjh Aayi Abbu Thik Keh Rahe The...

Ab Ahista Ahista Matin Apna Aap Dikha Raha Tha. Me Mushkil Se hi Uske Kamo Par Muskura Pati Thi... Koshish Kar Rahi Thi Ke achi Biwi Banu aur Uska Hath Pakdu Lekin Koyi Faida Na Tha...Ab To Ye Haal Tha Ke Me Kamre me Namaz Padhti Aur Wo Fizul Films Laga Kar Beth Jata

Aur Mujhe Bhi Dekhne Ki Dawat Deta... Ab Mujhe Farsi Mukamal Taur Par Aa Gayi Thi..Us Din Wo Jaldi Ghar Aa Gaya Me Andar se Jhal Rahi thi Lekin Phir Bhi Muskura Kar Uska Isteqbal Karne Lagi...!!

Salam Matin.. Aaj Jaldi Aa gaye Kya Hua Khairat He..??

Usne kaha Aaj Mere Dosto Ke Ghar Dawat He Pehle Tumhe Farsi Nhi Aati Thi Is Liye Le Kar na Jata Tha. Ke Tum Bore Hogi...Ab to Tumhe Mukamal Farsi Aati He... Me Bhi Uske Piche Piche Kamre Me Aa Gayi..Usne Almari Ka Darwaza Khola or kahaUn Sab Ko English bhi Aati he Puri Tarah, Lekin Jaha Tumhe Samjh Na Aayi Mujhe Puch Lena...!!!

Usne Almari mese Ek Dress Nikala Aur Bola Aaj Tum Ye Libas Pehno...!! Kuch Der Khud Ko Sambhalti Rahi Phir Boli

Matin Kya Dawat e Zanana (Aurto) He...??

Usne Kaha Nhi...Kyun..???

Mene kaha : Ye Libas Tang He Chota He Tumhari Bahen Ki Shadi Par Mene Pehna Tha...!!

Usne Bolna Shuru Kiya : Ye Kya...Tang Aur Chota ..Mene Ek Angrezi Ladki Se Is Liye Shadi Nhi Ki Ke in Fizul Baato Ko Sunu Aur Wo Chadar Le Kar Ek Kone Me Bethi Rahe...Waha High Class Ke Log He Tum Ye Dihati Logo Ki Tarah Baate Na Karo...!!

Mene kaha: Dihati...?? Dihati kya...??

Wo Hasa Aur Kamre Me Chala Gaya...!! Usne kaha Tumhari Baate...Ab Waha Azan Ke Waqt Namaz Padhne Mat Khadi Ho Jana Aaj Khuda Ke Liye Mera Mazaq Na Banwana...!!!

Me Diwar Ke Sath Tek Laga Kar Khadi Ho Gayi Sans Bhi Mushkil Se Le Pa Rhi Thi Ab Mujhe Waqeyi Samjh NaaAa Rahi Thi Dimag Kaam Nahi Kar Raha Tha...!!!

Usne Kaha Tumhe Kya Hua...??

Mene Kaha Tumne Pehle Din Se Dekha Tha Ke Me Kis Tarah Ki Hun... Agar Itni Dihati Hun To Shadi Kyun Ki....???

Wo Haste Hue Meri Taraf Badha or kaha, Mene Gori Europe Ladki Se Is Liye Shadi Nahi Ki Thi Ke Wo Chadar Ke Andar Chup Jae...!! Mene Shadi Ki, Ke Nasab Ko Dikha Saku Ke Meri Biwi Kitni Khubsurat He Hazaro Khubsurat Aurte makeup Ke Sath Itni Khubsurat Na Lagegi...!! Wo Dobara Kamre Me Chala Gaya Mere Me Apni Jagh Se Hilne Ki Bhi Taqat Naa thi Pathar Ki Tarah Khadi Thi...!!

Usne kaha: Wese Aaj Acha Sa makeup Bhi karo Is Tarah sadi zayada achi nhi lagti makeup karo ke sab tumhe dekhte reh jae...ab Waqeyi apne upar Qabu Naa Rakh saki..Itne Saal Itni chize Bardasht ki aur Ab Mera Hi Shohar mujhe Keh Raha Tha Ke Apni Khubsurati Dusro Ko Dikhao...isi Tarah Diwar Ka Sahara Liya Aur Kuch Der Ke Liye Apni Aankhe Bandh ki..wo Bolta Ja Raha Tha Lekin

Ab Me Kuch nhi sun Rahi Thi...!!

Khudaya...!! Tumne hi Kaha He ke Waha Tak Shohar Ki ita'at Karo jitne khuda ki Marzi Ke Khilaf Na Ho....!! Lekin ab ye Tere Huqm Ki Nafarmani He Us Par Muskura nhi Sakti Aur Us Par Khamosh Bhi Nhi Reh Sakti...!! Me Apne Shohar Ki *islah* Nhi Kar Sakti Khudaya...!! Mene Ankhe kholi Libas Uthaya Aur Kamre Me Chali Gayi Kapdo Par sheet Charayi Aur Dobara Almari Me Rakh Diya Aur Wo Aaya aur Bola...!

Anita kya kar rahi ho...?? Mene kaha tumhe He Ye Libas Pehno...

Mene kaha : Han Mene Suna Tumne kya kaha Tum ne To Pehle Din Se Dekha Tha Ke me Kis Tarah Ki Ladki Thi...!! Me Yahi Hun.. Muje Nhi Pata Dihati Hona Acha He Ya Bura..Lekin is Baat Ka Mujhe ilm He ke Me Mardo Ki Mehfil Me Kabhi Bhi Is Tarah Ka Libas Nahi Pehnungi Naa makeup Karungi...!! Me Europe ki Un Kharab Aurto Ki Tarah Na Libas Pehnungi...Na makeup karungi wo Hairat ke Samandar Me Tha Usse Yaqin Na Aa Raha Tha Ke Me Pehli Baar uski Baat Ki Mukhalifat Karungi Me Ro Rahi thi...!! Mene Har Chiz Bardasht Ki Har Chiz...Lekin Ye Is Chiz Ko Bilkul bardasht Nhi karungi...Pehle Hairat se mujhe Dekhta Raha Phir Bola...!!

Lo Ji...is Aurat Ko Dekho Samandar ke Kinare Apni Taswir Bhul Chuki Ho? Nayi Nayi Musalman Huyi He Kuch Waqt Guzar Lene Do Aur Khud Ko Muslman Bolti ho...!! **Maulawi Ho Kya...?? Kitne Pese Logi Mimbar Se Utarne Ke...??**

7

Tumhe Khud Pata He Kya Keh Rahe Ho...?? Shayed Me Ek Nayi Musalman Hun Lekin Jis Chiz Ka Bhi ilm He Us Par Amal Karti Hun...Ab Wo Gusse Se Meri Taraf Aaya, Aaj Tumhe Har Surat Mere Sath Jana Hoga Tumhe Lagta He Ke Do Rakat Namaz Padhne se Tum Bohat Badi Musalman Ho Gayi Ho , Muh Khol Kar Jo Tumhara Dil Karta He Bolti Ho...!!

Mere Se Pehle Kitne Ladko Ke Sath Thi...!!!

Mene Kaha : Me Tum Se Milne se Pehle Musalman Huyi Thi Aur Tab Bhi....

Ab Kr Usne Zor Se Thappad Mere Gal Par Rasid Kiya...!! Aur Bola : Aur tab Bhi Kya...Mariyam e Muqaddas...???

Mujhe Chakkar Aa Rhe The Mushkil Se Sans Le Rahi Thi Awaaz Bhi Nhi Nikal Rahi Thi...!!!

Mene kaha : Tumhe Meri Beizatti Karni He....!! Karo....Gali Deni he Delo Lekin Mariyam Us se Zyada Muqaddas He, Tum Unka Naam naa Lo...muje Saans Nahi Aa Rahi Thi...!!! Usne Itna Zor Ka Thappad Mara Ke Me Dur Ja Kar Giri...!!!

Ye Bakwas Tumhe Karne Ki zarurat Nahi Mujhe Pata Hota Tum Esi Ho to Ja Kar Qum(city in Iran) Se Koyi Ladki Le Kar Shadi Kar Leta...!! Usne Kaha Aur Ghar Se Nikal Gaya...!!!

Mujhe Esa Laga Tha Ke Meri Zindagi Khatam Ho Gayi He
Dil Buri Tarah Tuta Tha in Tamam Salo Ka Sabr Tut Gaya
Kitna Jutha Ishq Tha...!! Ab samjh Aayi Thi Ke Use To Mujh
Se Mohbbat Hi Na Thi Usne Mujh se is Liye Shadi Ki Thi
Ke Showoff Kar Sake Sab ke Samne Meri *Nuamayish* Kar
Sake...!!

Ese Jese Kisi Europe Mulk Se, Jis tarah mere Mulk Se Usne
degree Haasil Ki Thi Ussi Tarah Ye Bhi Kehna Chahta Tha
Ke Biwi Bhi Bahar Se Laya he...!!!

Mujhe to Yaqin Na Aa Raha Tha Ab Uske...uske Suluk ki
Tamam Kamo Ki Samjh Aayi Thi Ab Ja Kar Mujhe is
puzzle Ki Samajh Aayi...!! Lekin Sab Se Badtar Mere Liye Ye
Tha Ke Usne Meri Tohin Ki Aur Mere Mazi Ka Hawala De
Kar Meri Bezatti Ki...Mera Maashra Bohat Si Chizo Me
Azad Tha...!!!

Lekin Phir Bhi Ab Bhi Bohat Si Akhlaqi Khususiyat Thi Jin
Ka Hamare Maashre Ke Log Khayal Rakhte The Aur Me
Un Sab Akhalq Ki Paband Thi...!! Me Ghar Me Uncha
Uncha Ro rahi thi Dil Jhal Raha tha Usne Esa Dil Toda Tha
Aur Esi Tohin Ki thi Ke Mere Bardasht Se Bahar Thi...!! Me
Ro Rahi Thi Aur Khuda Se Baate Kar rahi thi...!!

**Khudaya....!! Me yaha Akeli Hun Ye Mulk Bhi Mera Nahi
He Aur Me Kaha Jaa Sakti Hun Aur Ese Shakhs Ki Qaid
Me Hun Ke Jise Mohbbat Aur Insaniyat Ki Kuch Khabar
Nhi....!!**

Khudaya...!! Tumhe Tumhari Aziz Tarin Aur Pak Tarin
Logo ki Qasam Deti Hun Meri Madad Karo...!!

Thoda Aaram Se Bethi Phir Uthne Lagi Thi Ke Pet Me Shadid Dard Hua Itna Zayada Ke Apni Jagh Se Hil Bhi Naa Sakti Thi Mushkil Se Phone Tak Pohchi Matin ko itne Phone Kiye Par Usne jawab Naa Diya Majbur Ho Kar Uske Abbu Ko Phone Kiya..Uske Ammi Abbu Pareshani Ke Alam Me Jaldi Jaldi Aae Mene Kapde Badle Aur Unke Sath Hospital Aa gayi..!!

Doctor Boli Hamela He Pehla Mahina He apna Bohat Khayal Rakhen stress Bilkul Acha Nahi He Ye Sun Kar Matin ke Ammi Abbu Bohat Khush Hue.. Lekin Me Khush Naa thi Zayada To Samajh Naa Aa rahi Thi..

Lekin Mujhe Bacche Bohat Pasand the, Ab itni Buri Haqiqat Ke Baad Hamari Zindigi Me is Bacche Ka Izafa Mujhe Khauf Zada Kar Raha Tha..! 1 Ghante Ke Baad Ghar Pohach Gaye Raat K Ek Baje The, Ke Matin ne Darwaza Khola Aur Bola...!! Jab Me *Mo'adabana* Tarike Se Tumhe Kehta Hu Ke Tum *Fahsha* Ho To Tumhe Bura Lagta He...!! Uska Jumla Khatam Na Hua Tha Ke Apne Ammi Abbu Ko Dekh Kar Matin ka Rang Udd Gaya...!!!

Us Raat Uske Ammi Abbu Ki Khushi Phiki Par Gayi...Uske Abbu Chand Lamhat ke Liye Ruk Gaye Aur Phir Ek Zor Ka Thappad Uske Gaal Par Rasid kar Diya...!!

Aur Bole....Me Intezar Kar Raha Tha Ke Tum is Se Maafi Mangoge Ya Kam Az Kam Tumhe Apne Suluk Par Afsos Hoga...Tum Kab Se Itne Be Gairat Ho Gaye Ho Ke Mujhe Pata Na Laga Tha Ke Tumne Haram Lukma Khaya He...Jo Ek Pak Daman Aurat Par Tohmat Laga Rahe Ho...!!

Uske Baad Matin ki ammi ki Taraf Mude Aur Bole...!!
Khanum, Anita ka Samaan Bandho is Be Gairat Me Ye
Salahiyat Nhi he ke Anita aur Uske Bachhe Ka Khayal
Rakh Sake...!!

Uski Ammi To Sirf hairat Ke Mare Use Dekh Rahi Thi...

Matin bola Bachha...?? Konsa Bachha...???

Ab Matin hairat ke Maare Mujhe Dekh Raha Tha...!! Matin
ki ammi Boli..Mujhe Afsos He ke Mene Tumhare Jese Bete
Ki Tarbiyat Ki He..Khuda Ki Qasam Aaj Tak Anita meri
Bahu Thi Lekin Ab Ye meri Beti He...!!

Matin ka Gaal Suja Hua Tha Lekin Wo Bilkul Khamosh
Tha Aur Ek Lafz Bhi Na Bol Raha Tha...!!

**Matin Ke Abbu Bole : Ye Na Samajhna Ke Tum is Ladki Ko
Akeli aur Pardesi Samajh Kar Jo Chaho Wo Kar Sakte
Ho... Ise Taqlif Doge Tumhari Jaan Le Lunga...Abhi Ise Le
Kar Jaa Raha Hun Jab Tum insan Ban Jao ge To Wapis Aa
Kar le Jana...!!**

8

Dedh Mahina Laga Matin Ko Waapis Aane Me, Zahiri Taur Par Apne Abbu Se Wada Kiya Leikn Amli Taur Par Koyi Dusra Hi Shakhs Tha...Ab To Wo Muh Par Bolta Tha Ke Usne Mujh se Shadi Karke Galti Ki Aur Usse Kitna Nuqsan Hua Apne Aap Ko Mazlum Samajhta..Aur Usne Ek Baar Bhi Na Socha Ke Usne Mujhe Kitna Bada Dhoka Diya He Apni Zahiri Bato Se Usne Mujhe Fareb Diya Tha Wo Zahir Karta Tha Ke Wo Ek Ba Akhlaq Muslman He Aur Me Ek Ahemaq Ki Tarah Uski Aashiq Thi Aur Us se Kitni Mohbbat Karti Thi Ke Itni Muddat Us Ki Har Chiz Bardasht Karti Rahi...

in Dino Apne Abbu Ki Tamam Baato ki Mujhe Samajh Aa Rahi Thi Ke Wo Keh rahe The Ke Agar Is Ladke Se shadi Karoge To Mere Pas Wapis Aane ki zarurat Nahi... pehle Mujhe Ehsas Hota Tha Ke uske Dusri Ladkiyo Se Bhi Ta'aluq Hai Lekin Har Baar Me Khud Ko Kehti Ke Kyun Me Apne Shohar Se Bad Guman Hu...!!

Lekin Ab to Wo Mere Samne Bhi Un Se baate Karta Phone par Baate Karta Kehkhe Lagata Aur un ladkiyo ki Awaze Bhi Phone me Se Aa Rahi Hoti Thi...!!

Us Raat Khane Ke Mez Par Bohat Arse Baad Usne Mujhse Kaha, **Anita..Tumhe Pata He Un Me Se Koyi Bhi Mere Liye Tumhari Tarah Aziz Nhi He Kya Tum Unki Tarah Nhi Ho Sakti Ho...??** Uski Baat Sun Kar Mujhe Hasi Aa gayi Dard Ke Maare Ranj ke Maare Taqlif Me..mai Uncha Uncha Has Rahi Thi...!!

Mene Kaha : Me... Tumhe Aziz Hun...?? Ohh Acha Me Abhi Bhi Tumhare Haram sara Ki Maleka Hun..?? Wese Kya Baat he Ab Kaha Tumne Apni Europe Biwi Ki Nuamayish Karni He...?? Ab Kis Ko Dikhana He Ke Tum Europe Se brown Balo Wali Nili Aankho Wali Biwi Le Kar aae ho...!!

Me uske Jawab Ke Liye Muntazir Na Rahi uthi Aur Kamre Me Aa gayi...

Uske Thik 48 Ghnto Baad Mera Beta 7 Maah Ki Umar Me Is Duniya Me Aa gaya...!! Matin Ne Uska Naam Rakha Aarta Jab Mujhe Pata Laga Ke Ye Ek *Zartasht* Naam(Paarsi Religious name) He To Mujhe Gamo Gusse ne Gher Liya ..!!

Kis Tarah Se Wo Mere Musalman Bete Ka Naam Zartashti Rakh Sakta He...!!

Yani Kya Insan itna zayada identify Crisis Ka Shikar Ho Sakta He Ke Khud To Musalman Ho Aur Apne Bete Ka Naam Zartashti Rakh De Aur Apni Shanakht Iran Ki Qadim Saqafat Me Dundh Raha ho...

Yani insan itna Khuda Aur Islam Se Dur Ho Sakta He...!! Yani khuda Aur Islam Par Fakhr Karne Ke Bajae Qadim Iran ke Chand Patharo Me Apni Shanakht Dhundh Rahe Ho...

Dil Chahta Tha Ke Ek Ek Jumla Matin ko Bolu eteraz Karu Lekin Kya Faida Hona Tha ab se pehle Jo Mera Dil Uske Ishq Me Dhadakta Tha Ab gusse Aur Nafrat Se Bhar Chuka Tha...!! Sirf **Arta** Ki Wajah se Me is Ta'aluq Ko jaari Rakh

Rahi thi...Akeli Ek Ese Mulk Me Jaha Na Koyi Dost Na Rishtedaar Har Roz Ghar Me Akele Guzar Jata Ya Kitabe Padhti Ya Phir Ek Sal Ke Bachhe Se Baate Karti Thi...!! Ahista ahista Mujhe Iran me Ajib Lagne Laga Ab Mujhe Ye Apna Mulk Naa Lagta Tha Mujhe Nayi Nayi Chizo ka Pata Lag Raha Tha ye Wo Iran Na Tha Jiske Liye Me Yaha Aayi thi...!!

Iran ke Saal 1388 Ke intekhab Hue, Aur Usne Hamara Raha Saha Ta'aluq Bhi Hamesha Ke Liye Tod Diya...Wo Puri Tarah Se Musuvi Ki Himayat Kar raha tha Ese Khawab Dekh Raha tha Jo Mere Liye Darawane Khawab Ki Manind The...!! Pehle Mene koshish Ki ke Khamosh Rahu Lekin phir Meri Bardasht Khatam Ho gayi..!!(Islamic REVOLUTION jahan Martin Dushman ki Madad kar raha tha)

Akhir Kar Ek Din Usse Kaha Matin tumhe Waqeyi In Chizo Ki samjh Nahi Aa Rahi tumhe Waqeyi lagta he ke Ye Tumhara intekhab He Ab Mene Saaf saaf Suna Diya ye group Germany Ke Group Ke Sath Ta'aluq Rakhta He...kya Tum Waqeyi us Shakhs Ka Sath Dena Chahte Ho Jo Tumhare Dushman Giroh Ka Sathi He wo shakhs Jo Apni hi mitti se Khayant kar raha he aur apne logo ki bilkul bhi parwah nahi kar raha...!! To kya tum irani nhi ho..?? Tumhari Rago Me Irani khun nhi he ...??? Me bohat Sakht Pareshan Thi Iran meri sar zamin naa thi ke mujhe watan parsti ka Dora Parta...!! Lekin Iran hamare liye Islam ka symbol tha aur Agar uski shikast Hoti yani Islam ki shikast ho jati...!!

Aur Matin ne jawab me ek zor Daar Mukka Mere muh par rasid kiya ke mera muh khun se bhar gaya...ye mukka meri sacchi baat ka jawab tha ye mere sabr aur Khamoshi ka jawab tha ke in 3 sal o me mene uski Bad raftari ka Khamoshi se Jawab diya Tha...!!

Intekhab Ke Baad Jo Iran Ke Halaat Hue Aur mene Logo ko Dekha Usne Mujhe is Natije Par Pohchaya Ke Jitni Jaldi Ho Sake Iran Chor Kar Chali jao...Jab Germany Ki Foj Poland Par Musalat Huyi Poland Ke 2/3 Logo Ka Qatal Kar Diya. Ye insaniyat Ki Tarikh Ka Sab Se Tariq (Siyah) Pehlu Tha..!! Aur Ye Waqeyi Mere Mulk Me Hua Meri Nani Aansu Ke Sath Is Dastan Ko Sunati Aur Ab Iran ke Log itne Nadan The ke Apne Hi Hatho Se Apne Dushman Ko Apne Mulk Par Musalat Hone Ki Dawat De Rahe The..!! Mujhe Yaqin Tha Ke Wo Log Jitni Iran Se Nafrat karte He Iran *Saquf* Kar Jaega aur Ye Akhri Chiz Thi Jo Me Soch Sakti Thi ab to har Qimat Par Apne Aap Aur Bete Ko is Qatal Gaah Se Dur Karna Chahti Thi...!! Mene Apne Farar Ka Naqsha Banaya Aur Ek Bohat Hi Ache Mauqe Par Is Naqshe Par Amal Kiya Apni Chize Aur Pasport Liya Aur Safarat Khane Aa gayi Tamam Waqeat Unhe Bataye...Me Shadi Shuda Thi aur Matin ki Ijazat Ke Bager Uske Bete Ko le Kar Mulk se Bahar Na ja sakti thi...!!!

Halat Bohat Pechida The Iran me Jo Bagawat Thi Aur Uske Jo *Bain al Qawami* Asrat the .. Iran ke Andruni Halat ki Badaulat Puri Duniya Ki Nazre Iran Par thi in mushkilat me mera Koyi Hath na tha lekin phir bhi mujhe sharm Mehsus Ho Rahi Thi ke in halat me Iran Chor Kar Jaa rahi thi... lekin Waqeyi mere paas Aur Koyi Raasta Na Tha...!!

Matin ko pata lag gaya tha wo Safart khane aaya lekin milne ki ijazat Na Di gayi Iran ki Huqumat aur Wazea Ke Masael Itne zayada the ke unke pas Waqt na tha ke wo Ek Aam Aurat ke Iran Se nikalne ki Taraf Tawajo Karte Aur Me Safart ki Madad Se Poland Wapis Aa gayi...!!

9

Jab me Poland Utari Khushi Ke Mare Meri Aankho Me Aansu aa gaye Safarat Khane walo ne Mere liye Hotel Liya Aur Kaha Jab Tak Chaho Waha Reh Sakti Ho... Mujhe Yaqin Naa Aa Raha Tha Sab Khawab Ki Manind Lag Raha Tha ek Maah Sukoon se Guzara hoga Ke Ye Khawab Khatam Ho Gaya...! Ahista ahista Ajibo Garib log mujhse Milne Aa gaye Wo Chahte the ke me Haquq e Bashar Aur Aurto ke Huquq par Guftagu Karu ke Iran me Aurto Par aur Logo Par Bohat Zulm ho raha he..!! Abhi bhi Iran is Tufan Aur Musibat Ka Shikar Ho kar is se Bahar na Nikal paya tha aur wo Log Mere Isteqbal se Aur Zayada Tufan Ko khofnaq Banana Chahte The...!!

Ese Log Ye Chahte The ke Meri Dastan Ko Logo Ko Suna Sake Ke Iran Me Khwatin Par Kitna Zulm Hota He Aur irani Logo Ko Azadi ki zarurat he.. Pehle Din Ek Musalman Aurat Mujhse Milne Aayi Wo Modelest Ki Hi Lagti Thi Usne Apna Ta'aruf Karvaya Bethi Aur Guftagu Ka Agaz Kiya...

Sach Ya Juth Usne Apni Puri Zindagi ki Dastan Suna Dali Aur Uske Baad Wo Apne Asli Maqsad ki Taraf Aayi...Hum bohat Bahadur Khawatin He Aur Hame Apni Awaz Ko Duniya Tak Pohchana Hoga Hame Batana Hoga Ke Muslim Mumalik Me Aurto Par Kitna Zulm Ho Raha He... kis Tarah Se Aurte Mardo Ki Gulami Kar rahi hai..Wo Bohat Zoq o Shoq Se Baat Kar Rahi Thi aur kaha ke TV ke Saamne Aa kar apni Daastan sabko Sunau aur Apne Jesi Aurto Ke Huquq Ka Difa Karun... mujhe ilm Na Tha Ke

Uski Is sab ke Bare Me Asli Niyat Kya He Aur Uski Dastan
Ke Piche Asli Chehra Kiska He isi liye Mene baat Ko Kuch
aur Hi Bana Diya..!!

Mene us se Pucha : Aap Konse islami Mulk Se Ta'aluq
Rakhti Hai...??

Usne kaha : is se Kya Farq Parta He Hamari Qismat Ek Jesi
Thi Hamare halat Bhi Ek Jese The Jo Aaj Kal Hum
Muslman Aurat Ke Halat Hai...!!!

Mene Jawab Diya Lekin Mera Shohar Musalman Naa
Tha...

Usne Kaha Aap Ka Shohar irani Na Tha...??

Mene kaha : Haan Irani Tha..!

Usne Kaha : Kya Aapka Shohar Musalman Naa Tha...!!

Mene kaha : Nahi Mera Shohar Musalman Na Tha, Mere
Shohar Ke Waalid Musalman The ..Mene itminan ke Sath
Jawaab Diya...!!

Bas Usse Samajh Naa Aa Rahi Thi ke me Kya Keh Rahi
Hun, Kuch Der Sochne Ke Baad wo Boli Muje Aapki Baat
ki Samajh Nahi Aa Rahi Kya Aap Wazeh Tar Baat Kar
Sakti He ...??

Wo jise Wazeh Taur Par Baat Karni Chahiye Wo Aap
Hai...Mujhe Afsos He ke Aapki zindagi Me Itni Mushkilat
Thi Lekin Kya Aapko Lagta He Ke Meri Aur Aapki Zindagi
Ki Ye Mushkilat Badtarin Mushkilat Thi...?? Jis Baat ki

Mujhe Samjh Nhi Aa Rahi Wo ye he ke Aap Kyun Chahti He Ke Me TV par apni Gamgin Dastan Bayan Karu Duniya Me Bohat si Aurte He jin ki zindgi Mujh se Bhi Badtarin Rahi He Aap Unhe Qu Dawat Nhi Deti...!!

Ab Wo Bahes Karke Thak chuki Thi Jo Bhi Kehti Baate Gaali Ke Samne Pohch Jati Wo Chahti Thi Ke Kisi Tarah Bhi Me Use Haqiqat Batau..!! Lekin Mere Liye Zayada Ahem Ye Tha Ke wo Us Haqiqat Se Kis Maqsad Ke Liye Faida Uthana Chah Rahe The Aur Kon Se Ehdaf Hasil Karna Chahte The...

Mujhe Waqeyi Us Din Us Khatun Ke Asli Hadaf Ka ilm Na Ho Saka Kuch Dino Baad Aur Aurte aayi Aur Kafi Der Tak Guftagu Karti Rahi Unki Guftagu Me Ek Chiz Saaf Zaahir Thi Ke Unka Hadaf Islam Tha...unka Mozu Ya Hadaf Maashre Me Zulm Wo Sitam Sehne Wali Aurte Na aTha Tamam Waqeat Ko TV Par Bayan Karu Aur Wo Usse Islam Se Nisbat De Kar Islam Ka Chehra Kharab Kar Sake..wo Bate Kar rahi thi mene Sukoon Se Kursi Par Tek Lagayi kaha mujhe Afsos He Me Aapki Kisi Tarah Ki Madad Nahi Kar Sakti...!

Wo Hairat se Mujhe Dekhne Lagi Kyun Anita Khanum?

mene kaha Kyun Ke Asli Musalman Hun Mere Shohar Ke Ammi Abbu Asli Musalman The, Mera Shohar Bilkul Musalman Naa Tha Lekin Iran Me Aap Jesi Bohat si Khawatin Jo apne Buniyadi Huquq Se Bhi Mehrum Hai..Ji Aur Esi Aurte Bhi He ke Itni Azad he ke kisi chiz ki parwa kiye Bagair ek Shadi Shuda Mard Se Ta'aluq Rakhti He naa deen ki Parwa he aur na Akhlaq ki...!! azadi ki ehmiyat nahi he azadi ki hudud ki ehmiyat he aapki azadi ki kya *Mehdudiyat* he…???

Unka Dusra Tarika Bhi Nakaam Ho Gaya. Me Is khel Me kabhi bhi unka Mohra Ban ne wali naa Thi…!! Mene in 3 salo me Apni zindagi ke Mushkil Tarin Lamhat Guzare the Un Lamhat Ki Kadwahat Mujhe Aaj Bhi Achi Tarah Yaad Thi…! Lekin Mere liye deeni *Mafhum* Bohat zaroori the, mere apne khayalat ache naa the lekin mujhe Iran ke halat ki Bohat Pareshani Thi…!!! Wo Khabre Jo Hamari TV dikhati Wo Bohat Buri thi Aur Irani Channel To yaha Nahi aati the Press Tv yaha *Mamnu* Tha Aur Iska Channel na aata tha Iran ki Taraf Se aane wali Khabro Ko hamare TV Par censored Kar Diya Jata…!!

Is liye har waqt Internet Ke Zariye Khabre Dhundhne Par Majbur Thi Bohat Mushkil Tha Har Waqt Darr Laga Rehta Ke Shayed Irani Hukumat Ke Akahri Din Chal Rahe he…!! Aur phir Us Din **Aga Khamanaie** ki Taqrir, wo Jab Ashq Baha Rahe The Unke har Ashq Ke Hamrah Mene Aansu Bahaye Mujhe Yaqin Nahi Aa raha Tha Wo irani inqelab aur Hukumat jo akhri sanse Le Rahi thi… Dobara Zinda Ho Gayi Aur Uth Kar Beth Gayi phir,

England ke Wazire Azam ne Taqrir ki : Hamne Har Chiz ka Mansuba Banaya Tha…!! Lekin lagta he Ke khuda bhi Irani he…!!!

Us Din Me Khushi Ke Mare Roti Rahi kuch Din Baad Wo Dobara Mere Pas Aae is Bar pura Sauda Kar rahe The Mujhe Keh Rahe The ke Agar Me Unka Sath Dun To Mujhe double Faida Hoga Apna Inteqam Bhi Lungi Aur Jo Bhi Me

Kahungi Wo Mere Liye Mohayya Karenge...!!

Kaam..Ghar..Daulat Shohrat Aur Hatta Agar Chahu To Poland se Nikal Kar Duniya Ke Kisi Bhi Mulk Me Zindgi Guzar Sakti Hun Mera Aur Mere bete Ka Kharcha Unke Zimme Aur Mujhe kisi Bhi Chiz Ke Liye Pareshan Hone Ki Zarurt Nahi...

Sauda Kuch Esa Tha...

Darja E Awal Agar Me ijazat Dun ke Wo Jese Chahe Meri Zindagi ki Dastan likhe...

Darja E Daum Khud Wesi Dastan sunau Jo wo Mujhe Bataenge...

Darja E Saum Khud Us Par Film Banau aur Iran Ke Khilaf Janda Uthau..

Aur Akhri Ye Ke Islam Se *Baraet* Ka izhar Karu...!!

Agar Islam Se Murtad ho jau Aur TV Ke Samne Izhar Karu To me Ek *Benul Aqwami* Shakhsiyat Banugi Mujhe *Shujaat* Ka medal Diya Jaiga..Meri Zindagi Par Kitaab Likhi Jaegi Aur Film Aur Drama Banaenge...!!! Mujhe *Aqwame Mathda* Me Job Ki peshkash Bhi ki gayi ki Haquq E Bashar Ke Liye Kaam Karu..Lekin Mene Bohat isteqamat Dikhayi thi Aur un Tamam peshkash Ko Rad Kar Diya Tha Phir Se Ek Dam Daulat Shohrat Aur Qudrat ki offer Ki Gayi thi..!! Tino Chize Ekathi Meri Taraf Aa Rahi Thi me Jitna Khush Thi Aur Jitna Soch me Thi Wo Log Mujhe Harane Ke Liye Bade Pate Pesh Kar Rahe The Taki Mujhe

Waswasa Ho...!!

Me aapka Sath Dene ke liye Koyi Dalil Chahti Hun Aap
Kaun he...?? Aur Aapko Mere Is kaam Se Kya Faida Hoga
Aur aap iske liye Itna zayada kharcha Karne ke Liye Kyun
Tayyar he...??

Unhone kaha : Aapko Hamari Peshkash Achi Nahi Lagi To
Aap Khud Un me Izafa Kar le...!!

Mene kaha Nahi Bohat hi waswase me Mubtela Karne
wali Peshkash He..!! Lekin me Jan na Chahti Hun Ke Aap
Kon hai , Aur Me Kese Aap par Etemad Kar Sakti Hu...??

Un logo ne kaha : Is baat Ki Kya Ehmiyat He Jab Tak Ek
Kaam Me Hum Dono Ka Munafa He Hame ek Dusre ka
Sath Dena chahiye...!!

Mene kaha : Aur Agar Ye Faida Na Hua To...??

Unhone Kaha : Jab tak Aap hamara sath Dengi Hame
zarur Munafa Hoga...!!

Ab Ka Kya Munafa He...?? Is Show Me Aapko Kya Faida
Hoga....?? Mene ye kaha Aur Kursi Se Tek Laga Li Me Ye
Dikhana Chahti Hun ke aap ka Kitna Faida Hoga Aur Uske
Mutabiq Aap Mujhe Acha Hissa De Rahe Hai Ya Nahi Ab
Usne Muskura kar Meri Taraf Dekha...**chote zalzale hi
sahih Agar Musalsal Kisi imarat ko hilate rahe to ek na
ek din To wo imarat hilegi bhi aur gire gi bhi aur is
Imarat ko Girane ka Kya Faida Hoga..??**

Unhone kaha: Wo chize Jo is Imarat Ki Diwaro ki hifazat kar rahi he unhe hilane me hamara Faida He aap bhi is ek chote zalzale ki Manind hogi aur hamare munafe ke liye is diwar ko Girna hi hoga…!!

Ab me Thoda Aage huyi aur boli Ke mujhe Nahi Lagta Me itni Taqatwar Hun Ke Is Diwar Ko Hila saku…

Unhone kaha : jab Aap Ek Diwar Ko Chand Martaba Hilaengi To Akhir kar Wo Gir Jaegi Aur Aap me Ye Taqat He ke Aap Is Diwar Ko Hila Sake..!! Agar Ye Diwar Ko Na Hilaenge to ye Ahista Ahista hamare mulko ke Andar Aa jaegi Aur Aaj Ye Diwar israel Tak Pohch Chuki he…!!! Kal ye diwar hamare mulko Me Pohch Jaegi Aur Bohat se Log Bad Bakht Ho Jaenge Aapki Tarah…!! Aap Ek insan He Aur Logo Ke Mustaqbil Ki Zimmedari Aap Par Bhi Aaed Hoti he Ab Mujhe Mere Sare Sawalo Ke Jawab Mil Gaye The…Gusse se Mene Uski Taraf Dekha….!!

Mene kaha :Agar Waqeyi Kisi Ki Burayi Karni Ho to Mujhe Ye Kehna Chahiye Mene Ek Ese Sakhas Se Shadi ki jisko Magribi Hone Ka Shoq Tha….na Uske Pas Ek Irani Jesi Sharafat Thi aur Nahi Ek Muslman Wala Tafqar…!! Wo Ek Esa insan Tha Jis Ki Koyi Shanakht Naa Thi Aur Wo Sirf Iran Me Paida Hua Tha Wo Esa Sipahi Tha Ke Jis Ne Jang ke Waqt Apne Aapko Aur Apne Mulk Ko Bech Diya ..!! Sirf Apne Faide ke liye apne Logo Ko bech diya .me gusse se uthi darwaza khola aur kaha…!!Yaha Se Chale Jayye Aur Kabhi Wapis Mat Aana me Inn Sasti Qimat Par apna Deen Kabhi Nahi Bechungi

Wo Tino Gusse Se Uthe...!! Ek aurat Bethi rahi Aur Tamam Muddat Khamosh thi Bade itminan ke sath meri Simat Badhi Aur Boli.. To Aap Kis Qimat Par Apne Khuda Ko Bechogi...???

Aap is Baat Se Kayi Zayada Faqir Aur Garib Hai Ke Mere Khuda Ki Qimat Laga Sake..

wo Boli : Aap Pachtaengi...!!

Mene kaha : Agar Kisi Din Pachtayi To Kam Az Kam Apna Hath Faqiro Ki Tarah Aapke Samne Nhi Phelaungi

Usne Card Mez Par Rakha Aur Boli Balke Me Shart Lagati Hun Ke Aap Wapis Laut Kar Aaengi..

Aadhi Raat Ke Waqt Tak Bhi Mera Dimag Sun Tha Ke Hotel Se Phone Aaya Janab... Aap Subah 8 Baje Tak Kamra Khali Kar De Aur Hotel Me Eqamat Ke Sare Pese Bhi Ada Kare Jane Se Pehle Mene Apna Saman Ekatha Kiya Arta ko liya Kamre Se Niklte Hue Meri Nazar Card Par Pari Me uski Taraf Gayi Aur Card Uthaya... *Khudaya...Ye Offer Mere Liye Bohat Badi Thi Lekin Tumhare Karam Aur Lutf Ke Samne Chunti Jitni Bhi Nahi,* mene Card Ko Phad Kar Kude Daan Me Phenka ...!!

Hotel Ke Pese Ada Karne ke baad Mere Pas Bilkul Pese Naa Bache The...Raat Ko Jane Ki Koyi Jagah Naa Th.i Poland Ki Sard Rate Aur 2 Saal Ke Bachhe Ke Sath Park Ki kursi Par Bethi Kar Arta ko Dekh Rahi Thi...phir Me Ek Fesle Par Pohchi Arta ko uthaya aur Ammi Abbu ke Ghar Rawana Huyi...!!

10

Agar Ammi Abbu bhi mujhe Nikaal Dete, Sare Raste Bohat Pareshan Thi Aur Bohat stress Me Thi..Khudaya..!!Meri Madad Karna, Aye Mariyam E Mukaddas Meri Madad Karna Mere Abbu Bohat Mutasib He Wo Aap Par Iman Rakhte He Meri Madad Karen...me Ghar Ke Darwaze Par Pohchi Aur Bell Bajayi, Ammi ne Darwaza Khola Unhone Mujhe Dekha pehle To Be Yaqini Se Dekhti Rahi Phir Aage Bahdh Kar gale laga Liya Aur Ro Rahi thi... Khudaya Tera Shukr He Tum Ne Meri Beti Ko zinda Wapis Lauta Diya..!!

Phir Unhone Arta Ko Dekha Aur Aage Badh Kar use God Me Le Liya or kaha Anita sirf Khuda Ko Hi pata He Ke in mahino Me Hum Par Kya Guzari He Yaha To Roz Khabaro Me Dikhate hai Ke Tehran Me Khana Jangi Me Kitne Log Mare Gaye Tum Bhi To Phone Ka Jawab nahi De Rahi thi...!! Me Aur Tumhare Abbu To Pareshani Se Buri Halat Me The...!!

Tehran me Jang Naa Thi Ammi...phir Ek Dam Se Mene Pucha Abbu Mere Liye Pareshan The...?? Unhone To Qasam Khayi Thi...!!

Han Zahir Na Kar Rahe The Lekin Har Waqt Iran Ki Khabar Hi Laga Kar Bethe Rehte...!!

Wese Zaahir To Na Karte The Lekin Khabre Sune Bager Khana Unke Halaq Se Niche Na Utrta Tha... woh Arta ko gale Laga kar Pyar kar rahi thi Phir Ek Gehri Sans Li Aur Bolin khas Taur Par jab se Unhone Khwab Dekha Uske

Baad Bohat Roya Karte The Mujhe to Kuch Na Kehte The Ese hi ek Fizul Sa khwab Tha Jiska Matlab Nahi Nikalta...Lekin sach me us Khawab ke Baad Bohat Pareshan Rehne lage the... Ab mujhe kuch sukoon mehsus Hone Laga Soch rahi thi shayed Kuch muddat Yaha Reh Saku Abhi Tak ilm Na tha Abbu mujhe Dekh Kar Esa Radde Amal Zahir Karenge Lekin dil Me Umeed Paida Ho gayi thi...Ammi Ne Abbu Ko Phone Kar ke Na bataya socha Shayed mujhe Dekhenge to Khush Ho Kar Apni Qasam Bhul jayenge Aur Mujhe Yaha Rehne Ki Ijazat De denge.

Darwaze Par bell Ki Awaz Aayi me apni jagah se Uchal kar reh gayi dar Umeed ke sath Darwaza kholne Aayi...pao kamp Rahe the lekin Koshish Kar rahi thi ke Unhe pata na lage Darwaza Khola Muskura kar Abbu Ko Salam kiya mujhe dekhte hi wo ek minute ke liye shock ho gaye aur mujhe dekhte chale gaye palke bhi na japka Rahe The aur unke hont kamp Rahe The...!!! Lekin jaldi hi unhone Khud Par Qabu Paa Liye Badi Baat He 3 sal baad yaad aa gaya Tumhe, Ke Tumhare maa baap bhi he unhone Darwaza Bandh Kiya Aur Andar Aae...Hall Me Aate hi unhone Arta ko Dekha wo Betha Khel Raha Tha... Tumhara Beta Lag Raha he Shukr he ke tum par Gaya He Na Ke Tumhare Us Farebi Shohar Par ammi khush hote huwe Andaz Me Aayi or kaha, 3 Sal Baad Beti Se Mil Rahe Ho Phir bhi Yahi Baate Kar rahe ho wo to jab Bhi phone Karti thi tum hi baat karne se Mana Kar dete Ab Shikwa Bhi Kar rahe ho...!!

Abbu Bethe aur Akhbar Uthaya Ese Jese Akhbar Padh Rahe hai Lekin Mera Pura Dhayn Unki taraf tha Aur Unka

Dhayn Arta ki taraf...!! Jaha Wo Jata Nigahe Uske Piche Piche Mene Khana lagaya parde Aage kiye Aur Hijab Utara...!!

Abbu bole : wapis Kab jaogi...??

Ab Ammi bhi gusse me boli abhi 2 Ghante Hi to Hue hai..

mene kaha : Kabhi Bhi nhi...

ab ammi Hairat se Meri Taraf Mudi or phir Me Boli Wapis Jane Ke Liye Nhi aayi Hun...!!!

Ab Ammi Kursi Par Beth Gayi Anita, Kyun Kya Hua ?

ab Samajh Naa Aa Rahi thi ke Kya Kahu Wo Bhi Raat Ke Khane Ki Mez Par Unke Sawalo Ko ansuna Karte Hue Me Hasi aur Boli Wese Ab Mere Liye Goshat Wala Khana Na Banae Goshat islami Tariqe Se Zibh Hona Chahiye Mujhe nhi Lagta Yaha Kahi Par Halal Goshat Milega...

Abbu Aram Se Plat Me Khana Dal Rahe the Sar Utha Kar Mujhe Dekha Kuch Der Dekhte Rahe phir Bole Agar Sirf Us par Likha Ho Halal To Kafi He Phir Kha Sakti ho.... phir kha Sakti Ho..? Ab Hairat ke Mare me unhe Dekhne lagi Aur Sar Hilaya...Ji Han...!!!

Me Agle Hafte Phirak Ja Raha Hun Waha Musalman He waha Shayed Goshat mil Jae Aur Ammi Hairat Se Ham Dono Ko Dekh Rahi thi...!!

Jitna Pareshan Thi Uske Bajae sab kuch Aram Se ho gaya Us Raat 2 Rakat Namaz e Shukrana Padhi Bohat Khush

Thi mujhe... mujhe Lagta Tha ke abbu kabhi na milenge Unhone Mujh se Ek Sawal Bhi naa pucha....! Sirf Mujhe ye Kaha Ab Tumhari Aankho se Pata Lagta He ke Tum Bacchi Nahi Rahi Ho Balke puri Samajhdar Khatun lagti ho... Shayed Ek Saada Jumla Tha Lekin Mere liye Bohat zayada Tha....! Abbu Ahista Ahista Arta ke pas Gaye Aur Chori Chori Use gale Lagate Rahe....!!!

Unhe laga Shayed Me Nahi Dekh Rahi Lekin Waqeyi Wo Bohat Mohabbat Bhara Manzar Tha Bade Khushi Ke Din The Lekin Wo Bhi zayada naa rahe Abbu ne Apni Company Ke Tijarti Taluqat Ek Dusri Company Se Tark Kar Diye Aur Uske Bohat Pese Dene Pade Aur Sath hi Abbu Ki Tabiyat kharab Hone Lagi uske Baad Hum Majbur ho gaye Aur Hum Ne Apna Sab kuch Bech Diya Bohat hi kam Kimat me....! Sirf Hamare Paas Ghar reh gaya aur kuch Thode Bohat pese jo Bank Me the mere Abbu Bistar Par The aur insurance Se Sirf Itne pese Milte Ke Ammi Abbu Ka Kharcha Nikal Sake...!! Pata nahi kyun Lekin Mujhe Lagta Tha ke ye sab meri Wajah se Ho raha Tha Aur Mujhe Esa mehsus Hota Tha ke jitni Jaldi Ho sake Mujhe Is Ghar Se Nikal Jana Chahiye Aur Mene Irada Kar Liya Abbu Mushkil Se chal Sakte the Aur jis Din ghar se Ja Rahi thi Abbu Sofe Par bethe The Pehli baar unki Aankho me aansu Dekh Rahi thi...!!

Abbu bole: Anita Tumhare Ghar aane se chand Roz Pehle jin Dino Tehran Me Jang Thi Mene Khwab Dekha Tha Ke Khali Makhluqat He Aur Shaher ke Bade Girja Ghar Ke Saamne Un Khali Makhluqat Ne Tumhe Sulih Par Latka Diya Mene Mushkil Se Apne aansu Roke Beti Apna

khayal Rakhna...!! Me abbu ke Gale Lag gayi ..!! Abbu Yaqin Rakhe Agar Kisi Din esa Hua bhi To Mene Apni Jaan Ka Soda Khuda Ke Sath Kiya He Aur Aap Yaqin Rakhe Ke Me Jannat me Hazrat Mariyam (S.a) Ke Hamrah Houngi...!!

Abbu ka Khawab Mere Liye Bohat *Mafhum* Rakhta tha wo din Jab Wo Shakhs Keh Raha Tha Ke Wo Meri *isteqamat* par sharat Laga raha he, Ye Ke Me Kab Tak Mazbut Rahungi... Mene Arta Ke Sath Chota sa kamra Kiraye Par Liya Mera Mulk esa Tha Ke Jawan Log Jin ki *Tehsilat* zayada Ho Wo Bohat Kam The Aur usi ke Liye Bahar se Log mangate the...!

Ab me Is shaher me Kaam Dhundh Rahi thi Me University Ki degree Ke Sath Huqumati *Idaro* Me Safayi kar Rahi Thi...!! Usi Idare Me Mene Dedh Sal Kaam Kiya Bismillah Keh Kar Andar Jati Aur Alhamdulillah Keh Kar Bahar Aati....!! Khuda ka Shukar he Ke Me Ek Lamhe Ke Liye Bhi Pasheman Na Huyi Thi....!!!!

11

Ahista Ahista Tarakki Bhi Karti Gayi Ab sirf Safayi Karne Wali Na Rahi Thi Ab Files Bhi idhar udhar Le kar Jaati Aur Documents Bhi Le Kar Jaati us Din Files le Kar Jaa Rahi Thi Hisab Kitab Me Mujhe Kuch Choti Choti Kafi Galtiyon Ka Pata Laga Aur Ye Chiz Mere Zahen Me Beth Gayi kabhi kabhi Hisab Kitab Me Choti moti Galtiya Bada Galat Natija De Sakti Hai Aur Dusri Taraf Me Kisi Ese ohde Par Naa Thi Ke Ye keh Sakti k Hisaab Me Galtiyaan Hai...!! Pura din Yahi Sochti Rahi jab meri duty Ka Waqt Khatam Hua Sirf Chokidar Reh Gaye Mene Andar Jane Ka irada Kiya...Mere Card Se Tamam Darwaze Khul Jate the Andar jaa kar Kursi Par Beth Gayi Aur Tamam Data aur Galtiya ko Sahih Kiya...

Agli Subh Nayi Daastan thi Wo Shakhs Jiska Ye kaam tha Akhiri bar check karte Hue Use Adad Ki Tabdili Ka ilm Ho gaya Tha Lekin use Ye ilm Na Tha Ke Us ki Galtiyo Ko Sahih Kiya Gaya He ek ghante ke Bad Hi security Mere Liye Aa gayi Aur government Ke personal data Me Dakhl Andazi Karne ke jurm Me Mujhe Girftar kar Liya Gaya...Bohat Dar Lag Raha tha Me Ek Musalman Thi aur Ye Log Mere Kisi bhi Kaam Ko terrorist Ka Kam Bata Sakte The...!!

Kuch Ghante Me Ek Kamre Me Thi Ke security Ka Head Aaya Aur Akar Mere Samne Beth Gaya...

Khanum Anita Aap Ki education Bohat Zayada He To Aap yaha is Kaam ke liye Nokri Kyu kar rahi thi ??

Me Bohat dari huyi thi or Phir Mene Kaha, kyun ki kisi Aur Jagh Mujhe Kaam Nahi De Rahe the

usne kaha Aapne 3 saal Iran me Zindgi Guzari Aur Ek Farari Taur Par Iran Se Bhag kar Yaha Aayi hai Aap Kehna Chah rahi he ke aap Bager Kisi Hadaf Ke Yaha Aakar Ye Nokri Kar rhi hai...!!

Ab meri Sanse Bandh Hone lagi wo Soch rahe the ke me Iran ki Taraf Se Jaasusi Karne Aayi hun..

ab us ne Chikh kar kaha Anita Khanum...??? Aap us Computer Par kya kar rhi thi...???

Kuch Waqt Laga Ke Meri Sans Bahal Hone lagi...

Mene kaha: Mene Koyi Galat Kaam Nahi Kiya sirf Hisaab Kitaab sahih Kiya Agar Aap Sirf Hisaab Kitaab Sahih Kar Rahi thi to waha Ke Head Ko Bata detin Ke wo Sahi Kar Deta...!!

mene kaha : Agar ek kaam karne wali aapko batae ke Aapke Hisab Kitab Me Galti He to Aap Uspar Kitan Yaqin Karenge...?? Aap uski Baat Sun kar Hasenge? Ya Uski Baat Maan Kar Apna Data check karenge...?? Aap Chahe To Us system data ko Check Kar Le...!!

Usne Kaha : hum yahi Kaam karenge Agar Uss Me Zara si Bhi Galti Nikli To ye sara Qasur Aapka Hoga Aur beshaq aapko Jaasus aur Mulk Se Khayant Ke Jurm Me Girftar Kar lenge...!!Aur zarur Aap Ko Is Jurm Ki Saza Ka Andaza Hoga.

Usne Meri aankho Me aankhe Dal kar Ye Baat kahi Uski aawaz Me Itni Sakhti thi Mujhe Laga ke Mere Pure wajud pr Barf Jam Gayi Ho...Wo Kamre Se Bahar Gaya Aur Mene Thakan Ke Mare Sar Mez Par Rakh Diya...

Khudaya Mene Galat Kaam to Nahi Kiya Koyi Galti To Nhi ki Meri Madad Karo Apne Aansu Par Qabu Naa Kar Paa Rahi thi... Ese Kamre me Bandh thi Jis me Koyi Khidki Naa Thi Ke Waqt Kaa Pata lagta. Ek Second Ek Saal Ki Tarah Guzar Raha Tha Aur Mujhe Yaad nahi Ke Kitna Waqt Guzra Tha... Mushkil Se Sirf Hisaab lagaya Ke namaz Ka waqt Hoga Aur Namaz Ke Liye Khadi Ho Gayi

Allahum Fuk Kulle Asir 3 Din uss Kamre Me thi ke naa Kisi Ko Phone Kar Sakti thi Na kisi se Baat kar sakti thi Kayi Martaba Mukhtalif Qism Ke Log Taftish Ke Liye Kamre Me Aae Bohat Mushkil Waqt tha...!!!

3 Din baad Wahi officer Kamre me Aaya Aur Ek Lifafa Mujhe diya Jis me meri Chize thi... Anita Aap Azad Hai aap Bohat Khush Qismat Hai mumkin Tha Ke Kisi Aur Ki Galti Bhi Aapke Gale Par Jati Aur Agar us hisab kitab Me Zara si Bhi Galti Hoti To Huqumat ka Bohat bada Nuqsan Hota...!!

Mene Apni Chize Li aur Bahar Nikal aayi zayada Dur Na Pohchi thi ke mujhe Laga Ke mere Pao harkat Nahi kar paa rahe the...mujhe Yaqin Nahi Aa raha Tha Ke me Dobara Suraj Ki Roshani Dekh Paa Rahi Hun. Ye 3 Din 3 sadiyo Ke Barabar The...itna Khauf Aur itna Darr ab Samajh aa rahi thi, Jab Kehte The Ke Jahannam Me ek Second Ek sadi ke Barabar Azab He...wahi sadak ke Kinare Beth Gayi thi Pao Jam Gaye the Maloom Nahi Kitna Waqt

Guzra Tha Abhi bhi Mera Pura Badan Kamp Raha Tha...!!

Ghar waapis Loti Khud Ko ammi Ki God Me chipa Liya Me Roti jaa Rahi thi wo bhi Mujhe Gale Laga Kar Tasalli De Rahi Thi. Abhi Raat naa huyi thi ke Wahi officer Dobara Ghar Aaya.

Ghar Ke Andar aaya Aur sofe Par Beth Gaya Abbu Gusse se Usse Ghur Rahe The...!!

Ab kya He...?? Meri Beti Ke Piche Kyun aae Ho ab...??

Abhi bhi Abbu Puri tarah Se Khade na Ho sakte the. Usi Halat Me Mazbuti Se khade the Aur ese Shor Kar Rahe The Ke Khade Ho Sakte he...!! Ab Abbu uncha bole Mere Ghar se Bahar chale Jao ammi dar kar Hum dono Ko Dekh Rahi thi...!!

Usne Kaha : janabe aali Esa kuch Bhi nahi he jesa Aap soch Rahe hai aap Pareshan Naa Ho Acha Hoga ke Aap hame akele Me Baat Karne De...

Abbu bole : Aap Mere Ghar me ho to me kese Sukoon se reh sakta hu aur Pareshan bhi na hou...!!

Aap Ne Jo Baat Bhi Meri Beti Se Karni He Mere Samne Kare Meri Beti Be Gunah He..Ye Baat Sun kar Ab wo Hasne Laga **Miss Anita** aapke Walid Behtarin Walid Hai Ab Usne Sofe Se Tek Lagayi Mene Aapki puri File Padhi Mere Khayal se Aapka Mazi Guzar Chuka He Aur Ye Ke aapko Kaam Karne Ki ijazat nahi Di gayi..Ye Bhi ek galti Thi aap Ka kaam Bhi Durust Tha aur Aap bohat Zahin Hai Jo galtiya Kuch Ghanto me Durust Ki Unhe sirf Check karne Ke Liye 3 Din lage Ab wo Aage Hua Aur bola Mene Apne Head Ko Yahi Report di He, is Mulk me Aap Jese Logo Ki Bohat Zarurt He Is Mulk Ko Aapki Zahaniyat Se Mehrum Nhi Hona Chahiye...!!

Kya Ye Mera intekhab Hoga...?? Ya aap Kehna Chah rahe Hai ke Jo Kaam aap Denge Wo me Karu ya phir Bilkul Mujhe Farig Kar Diya Jaiga...

wo Bola Aap Waqeyi Bohat Zahin he Kya aap is zindgi Se Thaki Nahi...??

Mene kaha : Agar Aap Puch Rahe hai Ke Me Logo Ke bathroom Dho Dho kar Thaki Nhi...? To Me Kahungi Nhi...Ye mera Mulk He Aur Mere Log He Me Unse Mohabbat Karti hun lekin is Se Pehle Ke me Poland Ke Bare Me Sochu Me Ek Musalman Hun..Phir Dil me Kaha Ke is Se Pehle Ke Poland Ka Sadr Mera Rehbar Ho..Mera Rehbar Kahi Aur Rehta He...!!! In Lamhat Me in logo Ka Islam se Dar achi tarah Samajh Rahi thi...wo Log Jo Keh rahe The Islam Hamare Mulk Ke Andar tak Aa Chuka He Me Poland Se Ta'aluq Rakhne wali Ek aam si Ladki thi Lekin Islam ki Mazbut Diware mim Ho Chuki thi...!!

Ab kamre me Khamoshi Cha gayi Me apne Dil ki Dhadkan Bhi Sun Sakti Thi Ke wo Shakhs Bola : Kya ek Musalman Jo Poland Se Ta'aluq Rakhta Ho Wo Poland Ki Khidmat Nahi Kar Sakta ?? Poland ki Huqumat Pichle 200 Salo Me Sab se zayada Ta'aluqat Yahudiyo Ke Sath Qaem Kar Chuki he Aur Musalmano Ke liye Bohat Zayada *Mehdudiyat* Ki Qael Kya Poland Ki Huqumat Ke system Me

Kisi Musalman ki Jagah He...**miss Anita...! Meri Offer siyasi Naa thi Meri offer Job Ki thi...!!**

ॐ

Aap Se Mil Kar Khushi huvi Aapne apni Beti Ki Zabardast Tarbiyat Ki He. ammi Use Darwaze Tak Chorne Gayi me Uthi aur uske piche gayi Mene jis Fild Me padhayi Ki He usi fild me Kaam karna Chahti Hun Lekin ek aam Shakhs ki Tarah Ese Mahol me Kaam Nahi kar Sakti Jaha mujh Par tohmat Lagayi jae aur Badgumani Rakhi jae Aur Me Raat ko Sukoon Se So bhi Naa saku Aur Har Raat Sochu Ke Ye Meri Zindagi Ka Akhri din Hoga....

Kuch dino tak Us Ke Kaam ki offer pr Gaur Karti Rahi Aur Kuch Chize Mujhe Bohat Dilchasp bhi lagi lekin dusri Taraf mujhe Bohat Darr bhi Lag Raha tha...!! Qum Phone Kiya aur Unhe kaha ki mere Liye Istekhara Karen un tamam Intekhabat Me ek offer Esi thi Jo sab Se Behtar Thi lekin meri Tawajo Uski taraf bohat kam thi....! **Jo aayat Aayi wo Hazarat Yusuf a.s Ki Qaid se Rihayi Ki Aayat Thi...!! *Aur Badashah Ne kaha Ke Zara unhe Le Aao me Apne Zati umur Me Unhe Sath Rakhunga Uske Baad jab Usne Baat Ki to kaha ke aaj se Hamare Darbar Me Bawaqr Amin Ki Hesiyat Se Rahoge (Sure Yusuf 54)***

Mene Bohat Jaddo Jahad Aur Mehnat se kaam ka Agaz Kiya Bohat Mehnat Kar rahi thi aur Meri mehnat is Baat ka Baes Bani ke sab Mera Ehtram Karte Aur Meri Taraf

Tawajo Rakhte....!!!

Abbu Ki Tabiyat Bhi behtar ho gayi Aur ab Wo bager Asa Ke Chalne Phirne lage the sb kuch thik Tha Magar Us Din tak...

Safart Ki Taraf Se elan Hua ke Matin Apne bete Ko Wapis Lena Chahta he Matin ne dobara Shadi Kar li thi Us Tamam Muddat Me Mene us se Raabta Naa Kiya tha ke Kahi wo mujhse Arta Naa lele...! Abhi to Zindagi Sidhe Raaste Chalne Lagi Thi aur ab mere Aansu naa Rukte the puri Raat Arta ke sarhane Beth kar Usse Dekhti rahi Aur Subh Suji huyi aankho Se Kaam par Jaati...Hamari Team Ka Head Bohat Martaba Aaya wo Hairat me Tha Ke mere Kaam ki wo saari energy kaha gayi Aur me itni Afsurda Kyun hun...??

Us din meri tabiyat Bohat kharab thi me Chutti Ki Darkhwast Le Kar gayi Usne wajah puchi mene Saari dastan Suna di...ab bardasht naa ho Raha tha Me Bhi Muntazir thi ke Koyi Mujh se Mera Dard Puche Uss ne Sawaal Kiya...

Aap Raazi Nahi he apne Fesle Se....??

Ab me Gehri Soch Me Chali gayi puri Zindagi Ek Film Ki tarah Aankho ke Saamne chal Rahi thi...Mera Islam Qabool Karna...phir Shadi Karna... mera bhagna...!Ajnabi logo ke wade, Bathroom saaf karna Mujhe yaad nahi ke kitna Waqt Laga Mene uske Sawal Ka jawab Diya....!!!

Bohat Pachtati hun Lekin Islam Lane Ki Wajah se nahi Aur Naa Hi In Tamam khubsurat Offer Ko Qabool Naa karne ki wajah Se...Balke Is baat par Pachtati hun Ke mene galat shakh Ka Intekhab Kiya Aur jald baazi Me Ye Kaam Kiya. Me Ye bhul Gayi Thi ke insan Ache Ho sakte He, Aur insan Bure Bhi Ho sakte Hai Aur Esi Hi Shakhsiyat Ka intekhab mene kiya jo Musalman Naa tha, Kamzor insan Be Qarar Shakhs...Be Shakhsiyat Ke Jo Izzat Wa iftekhar Hasil karne Ke Liye Yaha aaya Tha....!!! Duniya ke Zahir ne is Tarah Ki aankhe Bhar di thi ke Wo Zindagi ki Qimat Samajh Hi Naa Saka wo Apne Logo Ko *Hiqarat* Ki nigaah Se Dekhta tha...Jab us Shakhs ke Baare me Sochti Hun To Bohat Pachtati hun Lekin Jab mere bete ki taraf dekhti Hun to Khuda Ka shukr Ada karti Hun...mujh Me bilkul Jurrat Naa thi Ke Iran waapis jau me Iran Ke Qanun Ki Mukhalifat Karte Hue Arta ko Waha Se yaha le aayi thi...!!!

Me Safart Gayi Aur Saari daastan Sunayi Wo log Bhi Sun Kar Bohat Gamgin hue Aur unhone Mere Liye vakil Kiya Chand Martaba Adalat Jana para. Mujhe nahi maloom Usse kis Tarah Raazi Kiya Gaya...Lekin Bohat Jald Hi Talaq Ka hukm Sadir Ho gaya Khaas Taur Par Uske Abbu Ne Adalat me Mere Haq Me Aur apne Bete Ke Khilaf Gawahi di thi....!!! Jab Safart Ne mujhe Itela Di me Khushi Ke Mare Rone Lagi aur Shukrane ke Taur par Mene 3 Din Roza Rakha...!! Khawab me bhi Nhi Soch Sakti thi ke ye Masla Itni asani Se Hal Ho sakta he....!!

Kuch Din Baad puri Energy Ke sath Kaam par wapis Aa gayi Head Ne mujhe dekha To Meri taraf aaya Anita Aap Badi fresh Hai aaj sab Marzi Ke Mutabiq Ho Gaya...??

Mene khushi se Kaha Haa...!! Khuda ka shukar He Arta Ab Mere Paas rahega...!! Usne Kaha: Mujhe Khushi He ke Sab Kuch Aap ki Marzi Ke Mutabiq Hua...!!

12

Jab se Hum Dono ne Baat ki thi uska Raweya ajib Saa Ho gaya tha har roz Hi hamare Department Me aata Kisi Naa kisi Bahane Mujh Se Baat karta...!! Us din bhi Kisi esi hi Baat ke liye Us Ne Mujhe Daftar Me bulaya baat Khatam huyi Me jane lagi toh bola,

Anita..! Mene aapse Ek Baat Karni Thi Mera Dil chahta he ke Aapke bete Se Milu Shayed ye Aapke Liye Ajib Baat ho...!! Me hairat Se Use dekhne lagi Mere Bete Ko....???

Usne kaha : Haa Agar Koyi Masala na Ho toh...!!

Mene kaha :Kyun...? Kuch Lamhat ke liye wo Khamosh hua...! Ye Koyi Romance Ki jagh To Nhi Lekin me Aapko Batana Chahta Hu Ke me Aapko Pasand karne laga hun...!!

Uski Ye baat Ek current Ki Tarah Lagi Aur sun ke Jese Me shock Me chali gayi Jo Usne bola Wo to mere Wahem O Guman Me Bhi na Tha....!!

Ese Hi Me Darwaze Me Khadi Thi Ke Wo Utha Us Din mene Aapse Baat Ki Aap Ki Sari Baate Suni Mere khayal Me Aapki Shakhsiyat Bohat Khas hai Aur Me ussi Din Se Aap Me Dilchaspi Lene Laga....!!

Mene kaha Mister Head Me Aapka Bohat Ehteram Karti Hun Lekin Afsos Ke Sath Kahungi Ke Me aap Ko Koyi Jawab Nahi De Sakti Mere Liye Abhi Behtar Hoga Ke me Shadi Ke Baare Me Naa Sochun...Abhi to Meri Zindgi Sahi

Huyi He Aur is Ke Alawaah bhi me Musalman Hun Aap
Isayi He Hamari Shadi Nahi Ho Sakti...!! Mene Ye Kaha
Aur Us Ke Daftar Se Bahar Nikal aayi kuch Maah Guzar
Gaye Lekin Wo Phir Bhi Maayus Naa Hua ese Jese Mene
kuch Kaha Hi Na Tha.

**Aur Meri Salgira Ke Din Dopaher Me Meri Mez Par Phulo
Ka Guldasta Aur Gift Para Tha Aur Ek Khat Jisme Likha
Tha Ke Agar Aapki Ijazat Ho To Me Aaj Sham Aapko aur
Aapki Family Ko Dinner Ki Dawat Dena Chahta Hun
...Me Gusse Se Uske Kamre Me Gayi Darwaza Khatkhatae
Bager Darwaza Khola Aur Andar Chali Gayi Andar Ka
Manzar Mere Liye Na Qabil e Yaqin Tha...!!**

Wo Namaz Padh Raha Tha...!!!

Me Khamoshi Se Ek Kone Me Beth Gayi Uski Namaz
Khatam Huyi Wo Utha Aur Meri Simt Dekh Kar Bola Meri
Daawat Qabool Karne Ki itni Bhi Jaldi Naa Thi Aur Hasne
Laga...uska Jumla Sun Kar Mere Hosho Hawas Sahih Hone
Lage Lekin Ab Bhi Kuch Bola Naa Jaa Raha Tha...!!!

Aap Musalman Hai...?? Phir Uss Din Kuch Kyun Nhi
Kaha...?? jab Mene Bola Ke Aap Isayi Hai Aur Kuch Bhi Na
Bataya...!! Wo Musalla(Jaanamaz) Sametne Laga Aur
Almari Me Rakh Diya Phir Bola...

Ke Us Din to me Musalman Naa Tha Wese abhi Bhi Nahi
Keh Sakta Ke Pura Musalman Hun abhi Tak Namaz
padhne Ki Aadat Nahi Daal saka...!! Khaas Taur Par subha
Ki Namaz kyunki Nind Se Utha Nahi Jaata Aur Ye Pata
Nahi ke Arabic Me Mera Talafuz Kesa He...??

Wo Haste Haste Apni Namaz ki Galtiya Batane Laga Me To Abhi tak Bhi Shock Me Thi esa Mehsus Ho Raha Tha Ke jese kisi Ne Mujh par Thanda Pani Daal Diya ho...!! Khudaya....Ab Kya Karu....???

Usne Kaha : miss Anita Meri Darkhwast He Ke Aap Meri Daawat Qabool Kar le Mujhe Bohat Shoq he Aapki Family se Milne Ka.....wo Bol Raha Tha Par Me Apni Hi Soch me Ghum Thi Sirf Usse Dekh Rahi Thi...!!! Aap Thik Hai Miss Anita...??

Mene kaha Me Afsos Ke Sath Kahungi Ke Me Ab Dobara Ye Tajurba Dohrana Nhi Chahati...!!

Usne kaha Me Sach Kahunga Islam Aur Ek Musalmaan Ki Zindagi ke Mutaliq Zayda Malumaat Nahi Rakha, Aap Meri ustad Ban Jae meri Shakhsiyat Me Bohat Se Nuks Ho Sakte Hai...Lekin Me Bohat Sabir Hu...!!

Anita Agar Aap Mana Bhi Kar De To Aap Ko Mere Liye Pareshan Hone Ki zarurat Nahi He Me Aapke intekhab ka Ehtram Karunga.

Mera Hath Darwaze ke handle Par Jam Gaya Tha Thodi Der Ke Liye Khamoshi Cha Gayi Aur Phir Me Darwaza Khol Kar Bahar Chali Gayi...Pura Din Me Ussi Baare Me Sochti Rahi Aur Uski Tamam Bate Mere Zahen Me Ghum Rahi thi...Mene Mez Par Sar Rakha, Khudaya....!!! Me Tumhare is Bande Ke Sawal Ka Kya Jawab Du...??

Sham Ko Ammi Abbu ne Meri Salgira Ki Party Rakhi Thi Me Cake Kaatna Chah Rahi Thi Lekin Abbu ne Mana Kiya

Wo Kisi Kaa intezar Kar Rahe The...!! Darwaze Par bell Baji Mene Jaa Kar Darwaza Khola aur Hairat Se Meri Aankhe bahar Aa gayi...!!

Mister Hetarsh Aap Yaha Kya Kar Rahe Hai...?

Hasne Laga...!! Mene Mubark Baad Ke Liye Aapke Abbu Ko Phone Kiya Tha Unhone Mujhe Daawat Par Bula Liya Ye Keh Kar Wo Andar Daakhil Ho Gaya Muskurahat Ke Sath Usne Ammi Abbu Ko salam Kiya Aur Abbu Se Hath Milaya...!!! Phir Jab Arta Ko dekha To Bohat Shoq Se Uski Taraf Gaya aur Hath Milaya...!!

Us Raat Ammi Abbu Aur Arta Tino Ne Hetarsh k Sath Bohat Acha Waqt Guzara...!!

Cake Katne Ke Baad Abbu Ne Kaha : Maafi Chahta Hun Mister Hetarsh Aaj is Jashan Me Hame Aap ke Liye Achi si Drink Aur Sharab Lani Chahiye Thi...!! Lekin Aap Jaante Hai Ke Hamari Beti Musalman He Aur Hamare Ghar Me Esi Chize Lane Ki ijazat Nahi He...!! Mene Shikayati Andaz Me Abbu Ki Taraf Dekha...!!

Hetarsh Ne Hamari Taraf Dekha Hansa Aur Bola...Wese To Ab Tak Me Mukammal Taur Par Sharab Chor Nahi Paaya Lekin Jab Bhi Pita hu, Meri Subah Ki Namaz Qaza Ho Jati He...Uski Ye Baat Sun Kar Ab me Aur Abbu Dono Ne Hairat Ke Sath Uski Taraf Dekha...!! Mene Hairat Se is Liye dekha Ke Wo Ab Bhi Sharab Pita He Aur Abbu ne Is Liye Ke Unko Pata Laga Ke Wo Musalmaan He...!! Ab Abbu Mujhe Ese Ghurna Shuru Hu Ke Mene Waha Se Uthne me Hi Afiyat Jani...!!

Me Use Chorne Darwaze Tak Gayi Bolna Nahi Chah rahi thi lekin Bardasht Bhi Na Ho Raha Tha..

mene Kaha: Aap Abhi Bhi Sharab Pite Hai ?

Wo bola Me Pehle Bhi zayada Nahi Pita Tha Lekin Ek Mah Hua ke Musalmaan Hua Hun Ab Ahista Ahista Chor Raha Hu Thoda Mushkil He Molvi sahab Ne Kaha He Ahista Ahista Choro Lekin Namaz tark Na Karo Aur Awwale Waqt Namaz padho...!!!

Wo Sach Keh Raha Tha... Hetarsh Ne Do Maah Se Bhi Kam Arse Me Bilkul sharab Tark Kardi Abbu Ko Hetarsh Ka Musalmaan Hona Pasand Naa tha Lekin Saaf Zaahir Tha Abbu Use Pasand Karte The...Us Din Abbu Ne Ghar Aane Ki Daawat Di Hum Sham Ke Khane Ke Liye Mez Par The Ke Abhi Mene Pehla Niwala Muh Me Naa Dala Tha ke Abbu Bole...Tumne Shadi Kab Tak Karni He?

Unki Baat Sun Kar Luqma Ab Mere Gale me Phasa Ke Khas Khas Kar Bura Haal Ho Gaya.

Abbu Bole :Ab itna Khush Hone Ki zarurat Bhi Nhi Ke Saans Hi Bandh Ho Jae...

Meri Aankhe Hairat Se Bahar Nikal Aayi...Shadi...? Kiske Sath...??

Wahi Hetarsh, wese to Tum Dono Ko Dekh Kar Mera Dil Bohat kharab Hota He Lekin Me Tayyar Hun ke Tum Dono Ke Liye Ek Chote Se Jashan Ka Intezam kar Dun...!! abhi Tak Meri Saans Bahal Naa Huvi Thi Ke Arta Mez Par Aaya

Mene Abbu Ko ishare Se Mana Kiya Ke Baat Na Kare...
Lekin Abbu Arta Ki Taraf Mude Aur Boley Tumhe Manzur
He Ke Tumhari Ammi Ki Shadi Kar Di Jae...??

Ab Me Narazgi se Boli Mera Shadi ka Koyi irada Nahi Aap
Kyun Ye Baat Kar Rahe Hai ..??

Abbu bole Hetarsh ne Mujh Se Baat Ki He Tumse Bhi
Shadi Ka Kaha He Aur Ek Saal Ho Chuka He Us Baat Ko
Tum Waqeyi Ehmaq Ho...!! Usi Tarah Me Apne Aap Par
Qaabu Pane Ki Koshish Kar rahi Thi Aur Arta Ko Bhi Dekh
Rahi Thi Ehmaq Ka Lafz sunte Hi Mujhe Jatka Laga...

Kya Hetarsh Ne Kaha He Ke Me Ehmaq Hun....??

Nahi...! Wo to beChara Bohat Sharif He Me Keh Raha Hun
Ke Tum Ehmaq Ho itne Ache Shakhs Ko Mana kar rahi
ho...!! Phir Arta Ki Taraf Dekh Kar Bole Tumhara Kya
Khayal He...??

Ji...??

Abhi Me Kuch Kehne lagi Thi Ke Arta Khushi Se Bola...!!
Han Wo Bohat Ache Lagte he.. Bohat Ache Dost He Father's
Day Par Naana Ki Bajae Wo Mere school Aae The...!!

Ab Uski Baat Bilkul Samajh Naa Aa Rahi Thi Ke Mujhe Kis
baat Par Hairangi Ka Izhar Karna Chahiye itni Ajib Aur
Nayi Baate Sunn Ne Ko Mil Rahi Thi...!

Abbu Bole : Arta... hamne to Ye baat Nahi Batayi Thi...

Ab Mene Kaha Kon Gaya Tha...??

Abbu bole Me Uska Naana Hun Na ke Abbu Us Din Bachhe Abbu Aur Unki Job, Ek Dusre Ko Batate Hai mere Jese Budhe Ki Bhala Waha Kya Jagah Ho Sakti He...!!

Ab Kya Bolti Ammi Hans Rahi thi Abbu Khana Kha Rahe The Aur Arta Badi Khushi Ke Sath Us Din Ki Saari Baate Mujhe Bata Raha Tha Ke Us Din Hetarsh Ne Kis Tarah Baat Ki, Kya Kaha...Sab Bachhe Uss Ki Ta'arif Kar Rahe The Aur Sab Ne unn Ke Liye Taaliya Bhi Bajayi Me Sirf Uski Taraf Dekh Rahi Thi.. Arta Ne Baat Khatam Ki To Abbu Ne Usi Tarah Kahte Hue Kaha Ke Phir Tum Ne Kya Fesla Kiya...??

Me Sab Se Zayada Arta Ke Liye Pareshan Thi Lekin inn Do Saal o Me Hetarsh Ne Arta Ke Saath Itni Mohabbat Aur Dosti Dikhayi Thi Ke Arta usse Apne Abbu Ke Taur Par Qabopl Kar Chuka Tha...!!

Mera Haq E Maher Karbala Ka Safar Tha... hum Sab Family Germany Gaye Islami centre imam Ali As Nikah Karne Ke Liye Bohat Chota Sa Jashan Tha Hamara .... Hamari Photographer Bhi Ek Jawaan Musalman Thi Ke Jisne Bade Shoq Ke Sath Hall decorate Karke Hamari Taswire Li...! Wese to Abbu Ke Mathe Ke Bal Us Jashan Me Bhi Na khul Sake...!!

Hamne Apni Family Ke Ehteram Ke Liye Apne Naam Naa Badle Lekin Nikaah Naame Par Hamne Islami Naamo Ke Niche sign Kiya....!!

ALI AUR FATEMA....♥?♥?

Urdu(English-Hindi) Glossary

Tawajjo (Focus)
  Har Dafa(Pure Time)
  Taswur(sochna)
  Bad Tarin (Sabse buri)
  Amal (operation)
  Girja Ghar (Church)
  Nalan (Naraz)
  Ehmaq(Pagal-Bewakoof)
  Rahiba(Nun-Saadhvi)
  Hamela(Pregnant)
  Yahudi (A Jew)
  Talba(Talib eilm-Ilm Haasil karne wale)
  Tajir(Businessman)
  Shohda(Shaheed)
  Nuamayish(Dhikhawaa)
  Mutalea(research-To study-Padhna)
  Mo'adabana(Literally-in normal sense)
  Fahsha(Obscenity-Behudapann)
  Zartasht Naam(Paarsi Religious name)
  Mehdudiyat(Limitation)
  Mafhum(meaning-Matlab)
  isteqamat(Persistence)
  Tehsilat(zaroorat)

www.ingramcontent.com/pod-product-compliance
Lightning Source LLC
Chambersburg PA
CBHW031414160726
47993CB00003B/1222